Lesen ohne Stolperstein | Name: | Datum:

St/st: Wörter

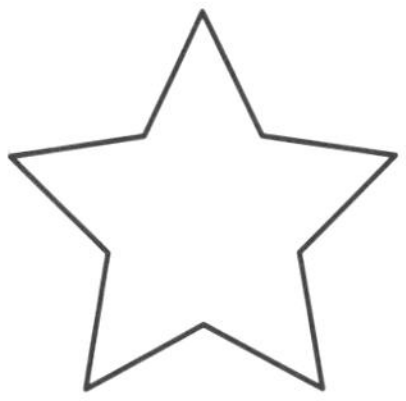

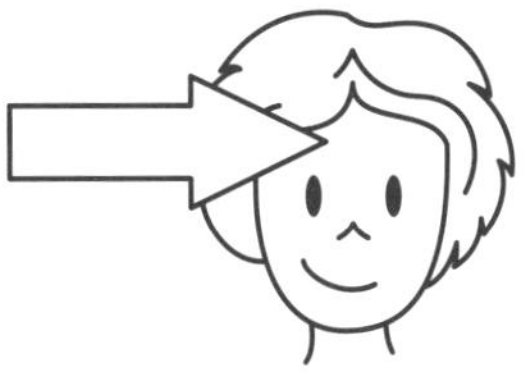

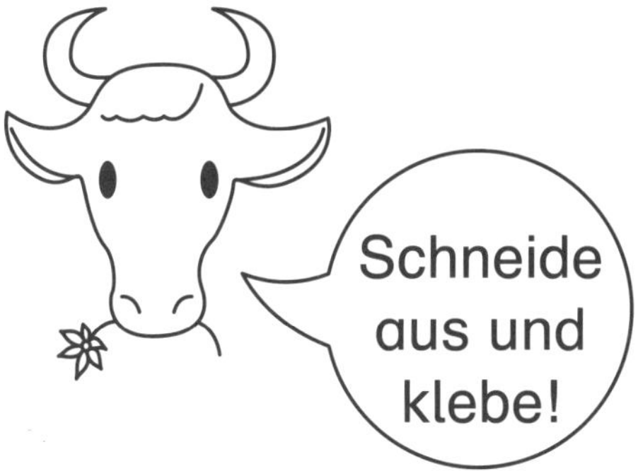

		Schneide aus und klebe!
		START

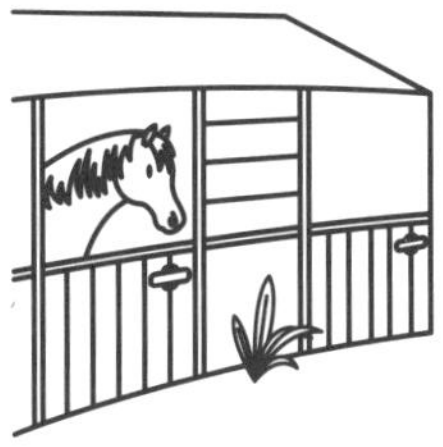

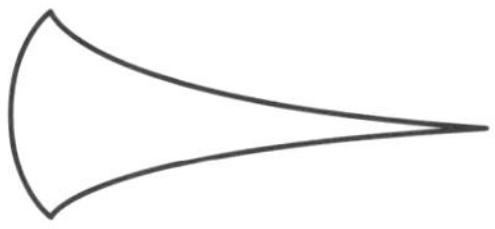

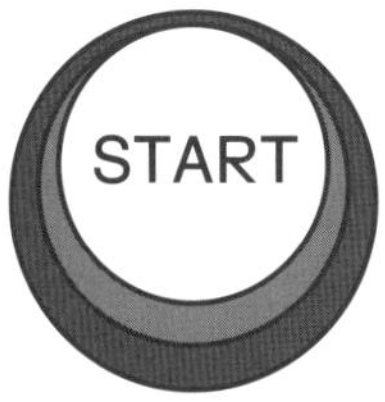

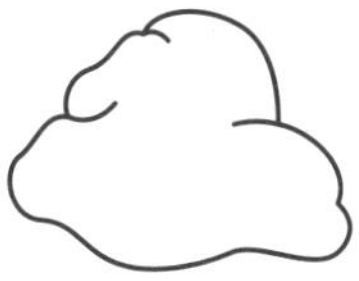

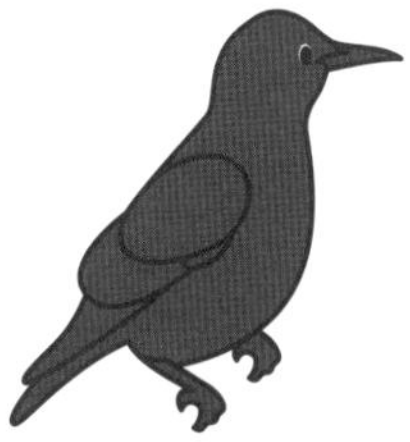

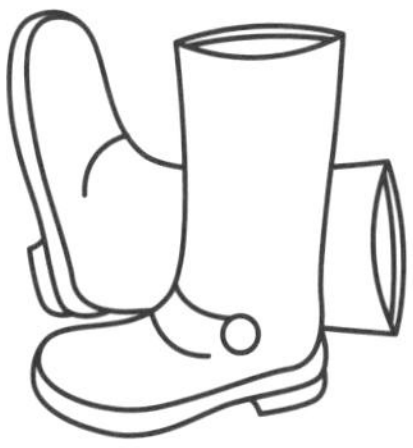

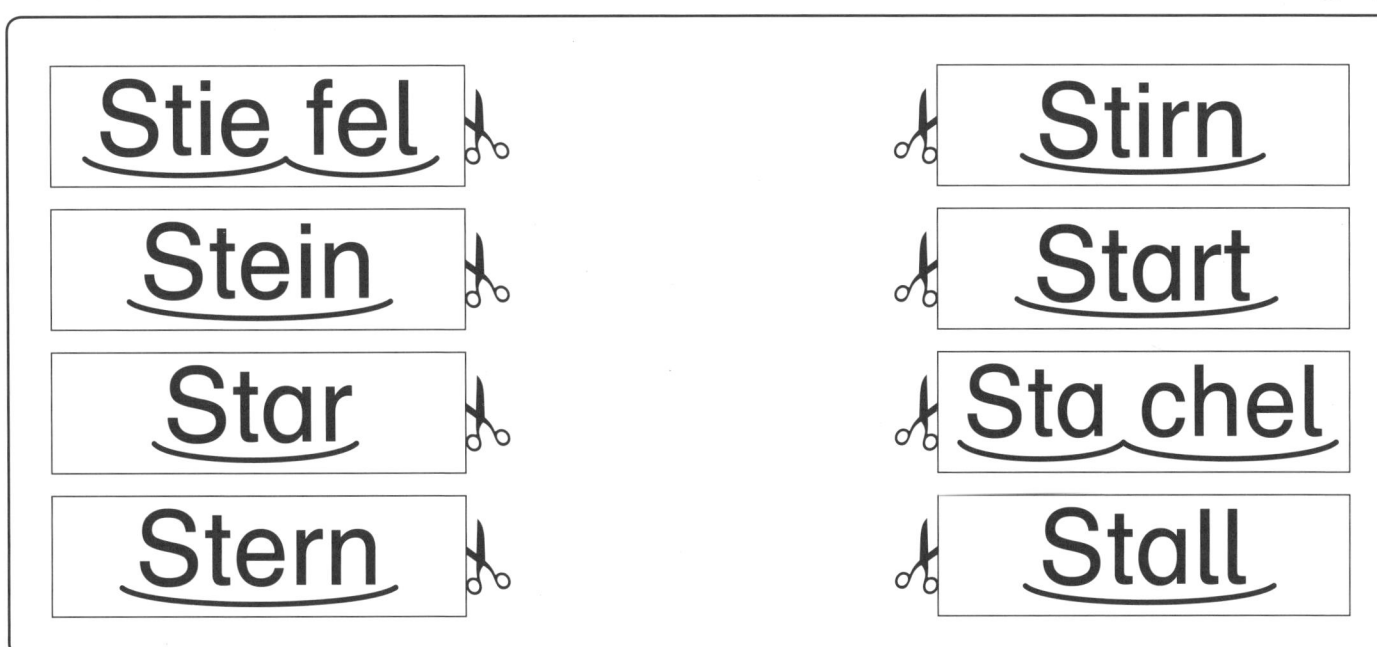

Stie fel	Stirn
Stein	Start
Star	Sta chel
Stern	Stall

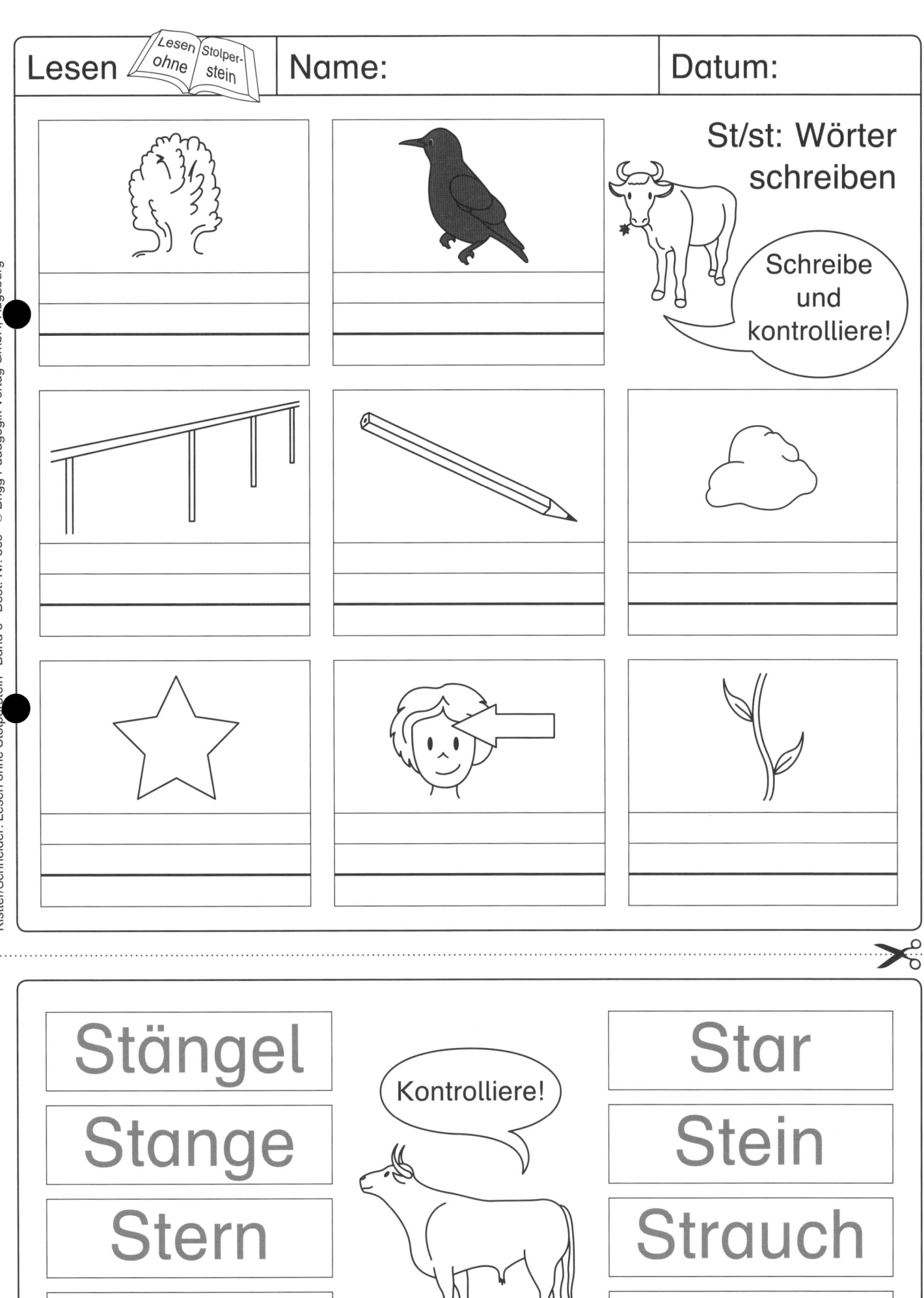

Lesen — Name: — Datum:

St/st: Wörter

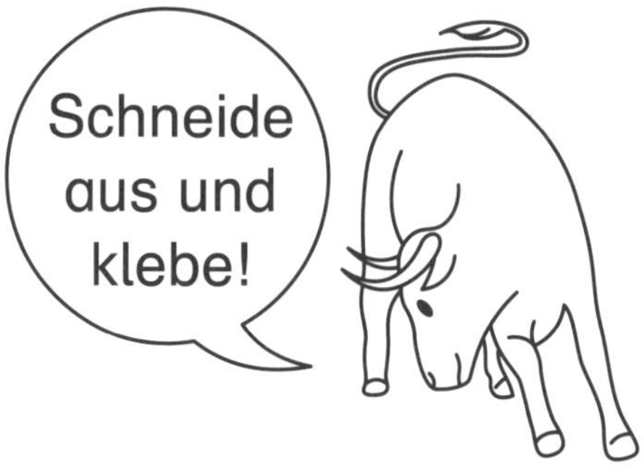

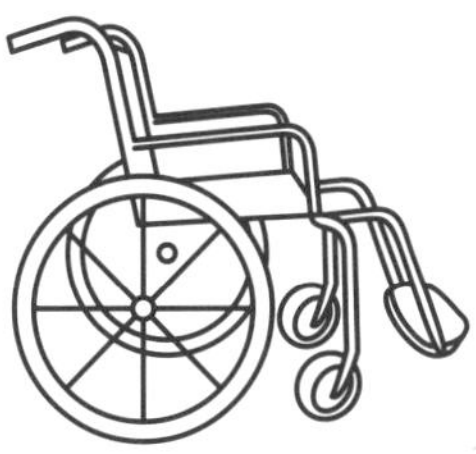

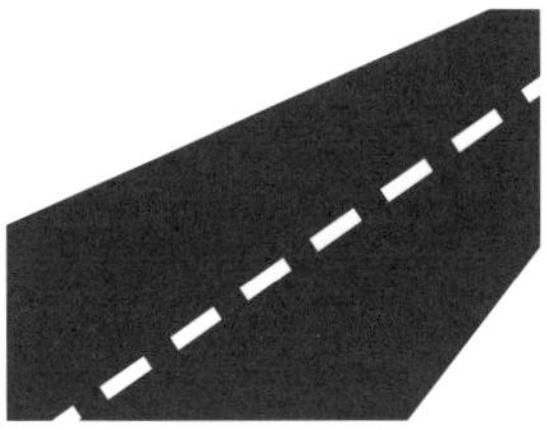

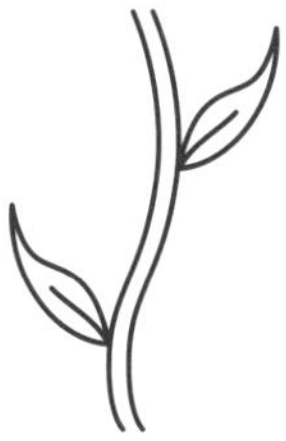

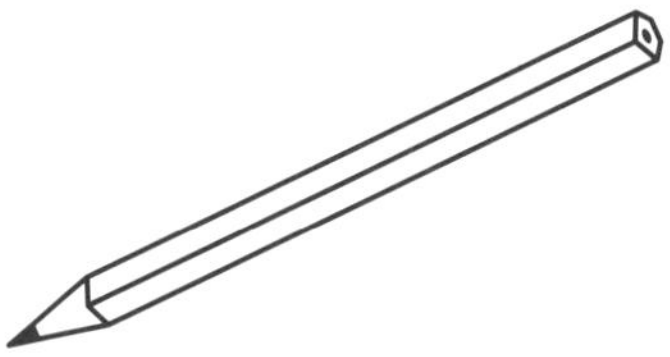

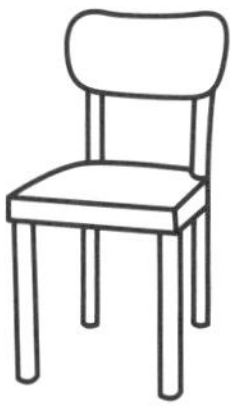

Schneide aus und klebe!

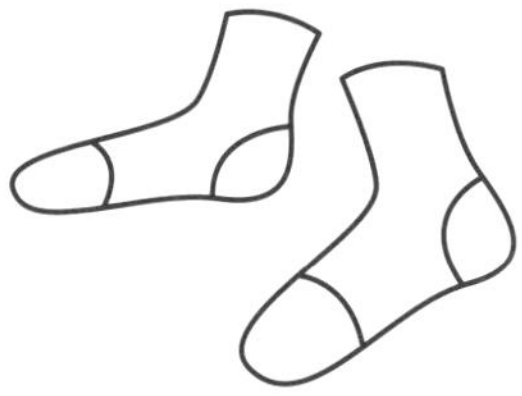

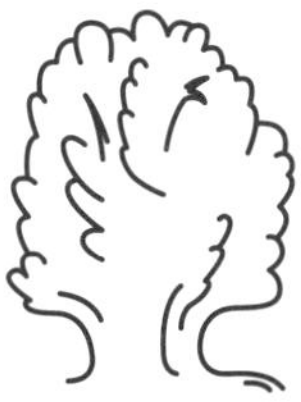

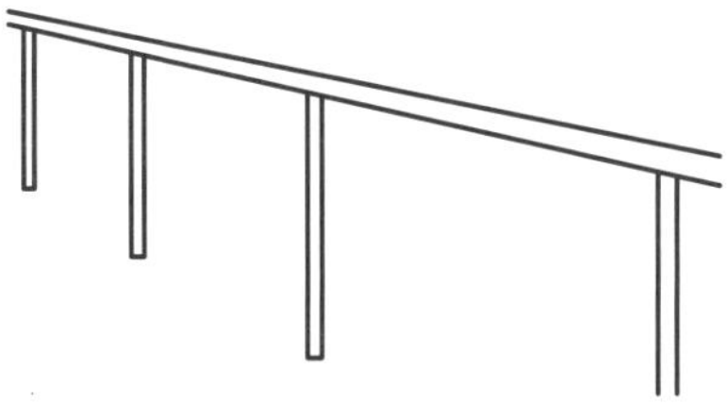

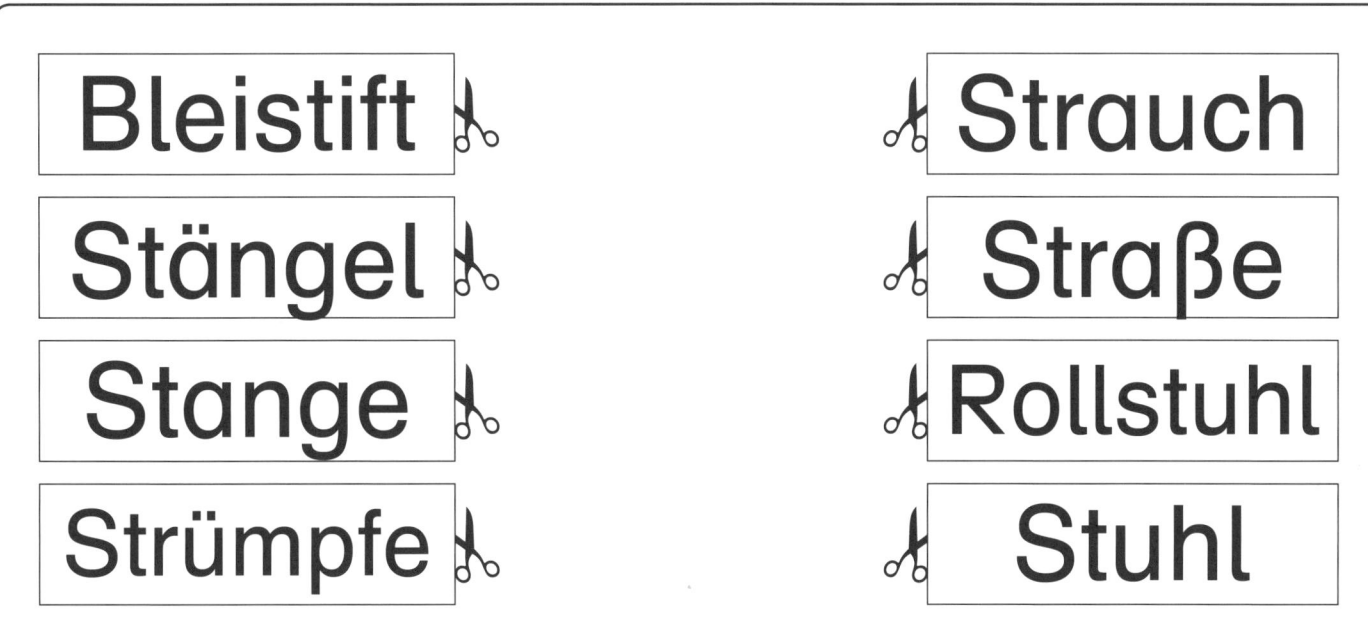

Bleistift	Strauch
Stängel	Straße
Stange	Rollstuhl
Strümpfe	Stuhl

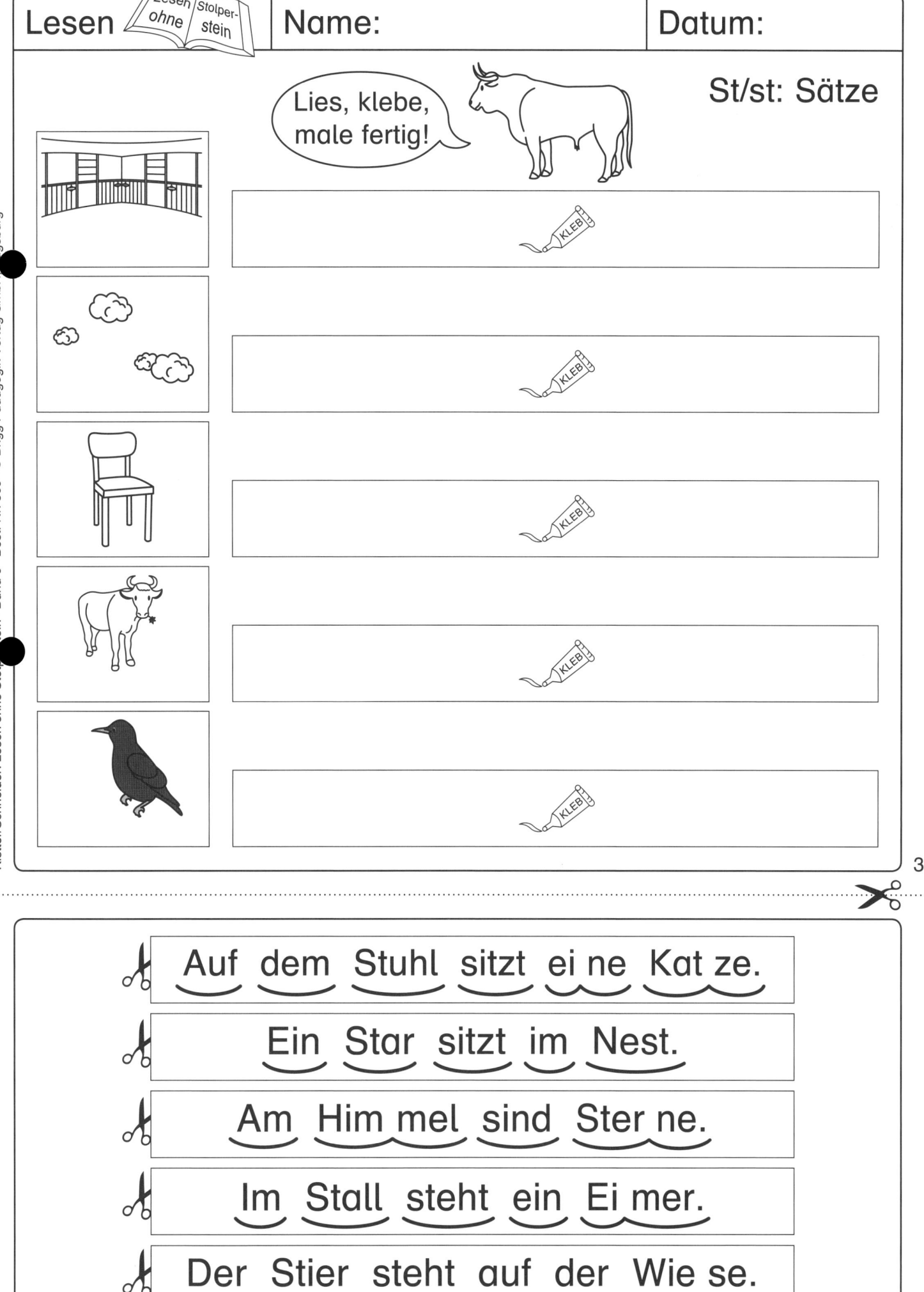

Lesen ohne Stolperstein   Name: Datum:

Sp/sp: Schau genau!

Sp

Klebe richtig dazu!

31

Lesen | Name: | Datum:

Sp/sp: Wörter

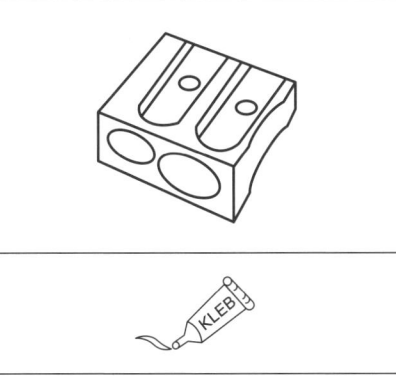
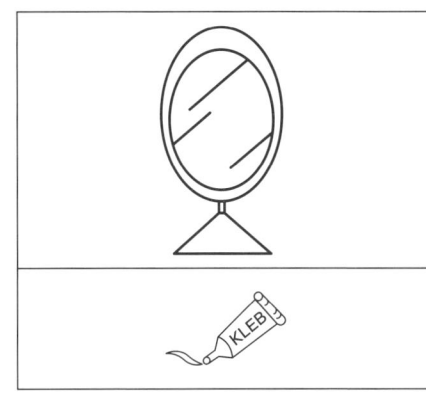

Schneide aus und klebe!

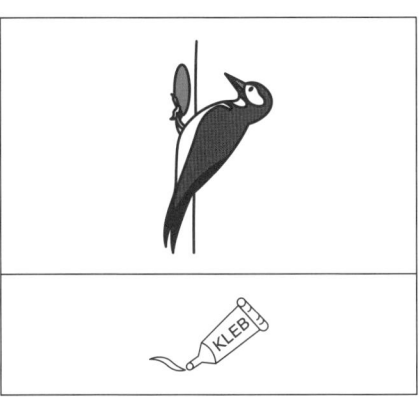
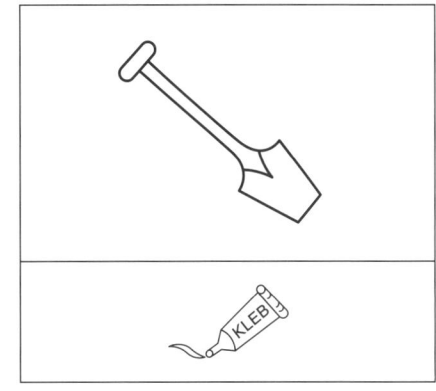

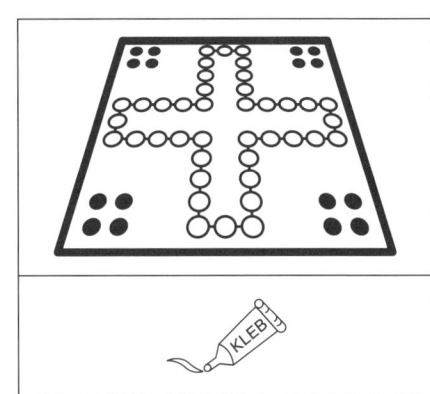
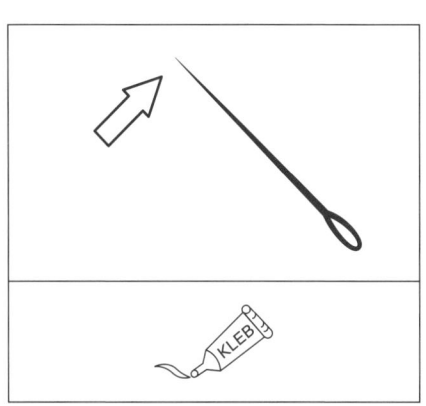

Spie gel   Spatz
Specht   Spit zer
Spin ne   Spa ten
Spiel   Spit ze

Lesen | Name: | Datum:

Sp/sp: Wörter

Schneide aus und klebe!

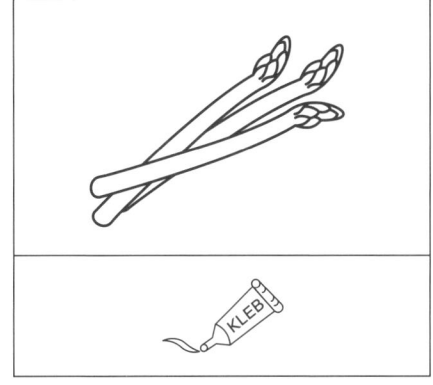

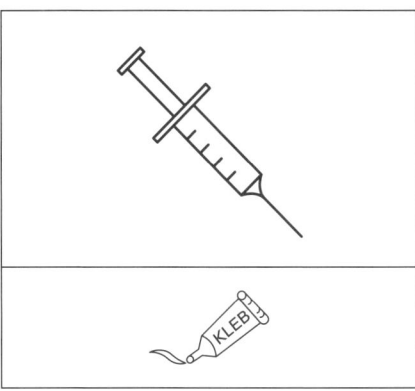
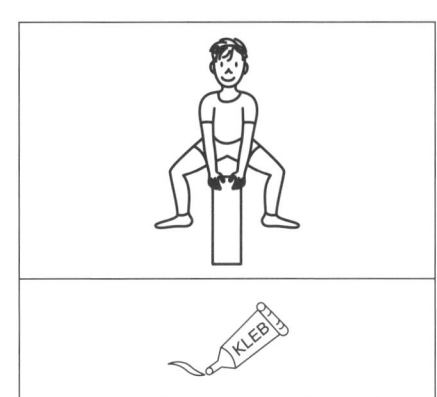
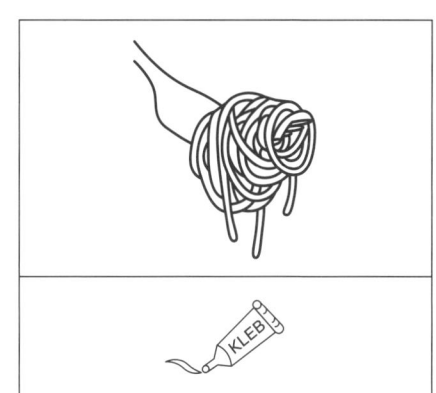
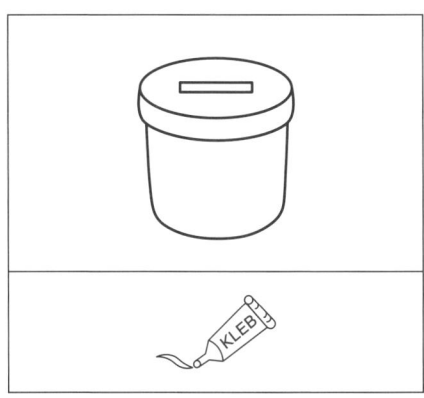

Spardose	Spritze
spucken	Speck
Sport	Spaghetti
Spargel	springen

Lesen ohne Stolperstein

Name: Datum:

Sp/sp: Wörter schreiben

Schreibe und kontrolliere!

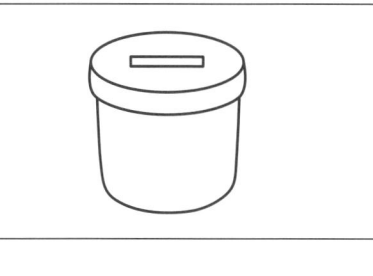
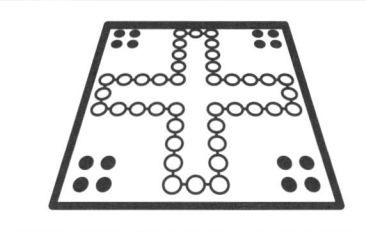
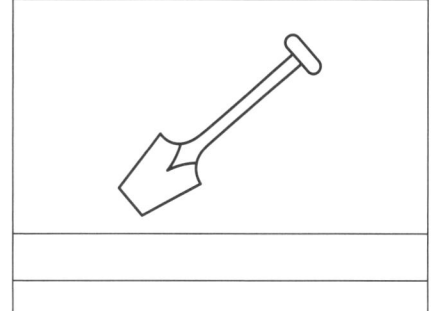
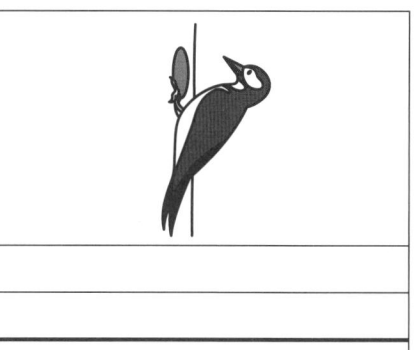
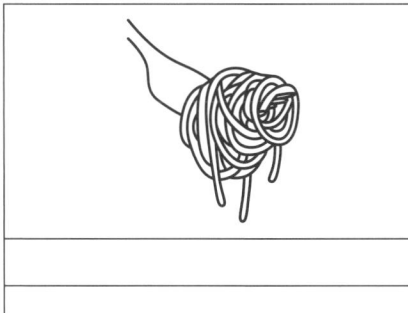
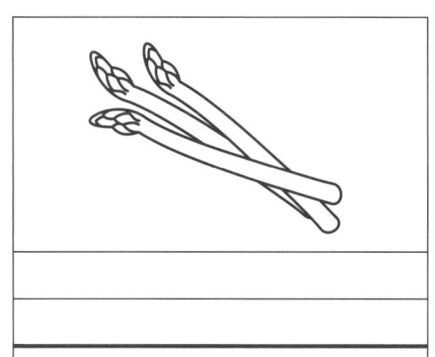

34

Spaghetti

Spatz

Sport

Spargel

Kontrolliere!

Spiel

Specht

Spaten

Spardose

Anna Kistler/Stefanie Schneider

Lesen ohne Stolperstein

Band 6

Buchstaben ie, Eueu, Äuäu, ai, ß, tz, Stst, Spsp, ng

Arbeitsmaterial zur Förderung der Lesekompetenz

Arbeitsmappe/Fördermaterial

Gedruckt auf umweltbewusst gefertigtem, chlorfrei gebleichtem
und alterungsbeständigem Papier.

1. Auflage 2012
Nach den seit 2006 amtlich gültigen Regelungen der Rechtschreibung
© by Brigg Pädagogik Verlag GmbH, Augsburg
Alle Rechte vorbehalten.
Das Werk und seine Teile sind urheberrechtlich geschützt. Jede Nutzung in anderen als den gesetzlich
zugelassenen Fällen bedarf der vorherigen schriftlichen Einwilligung des Verlages.
Hinweis zu § 52 a UrhG: Weder das Werk noch seine Teile dürfen ohne eine solche Einwilligung
eingescannt und in ein Netzwerk eingestellt werden. Dies gilt auch für Intranets von Schulen und
sonstigen Bildungseinrichtungen.
Layout und Illustrationen: Anja Lindemann

ISBN 978-3-87101-869-5   www.brigg-paedagogik.de

VORBEMERKUNGEN

Was ist „Lesen ohne Stolperstein"?

Die Idee zur Reihe „Lesen ohne Stolperstein" entstand im Rahmen unserer Arbeit im Mobilen Sonderpädagogischen Dienst (MSD) an Grundschulen und im Anfangsunterricht der Förderschule. Lehrkräfte werden im Zuge der Inklusion vor sehr hohe Anforderungen gestellt, wenn sie mit **Kindern mit völlig unterschiedlichem Leistungsvermögen** arbeiten und diese in der Klasse **individuell fördern** wollen. Soll die Lernzeit aller Kinder sinnvoll genutzt werden, bedarf es offener Unterrichtssituationen und Materialien, die die Kinder relativ selbstständig bearbeiten können und die ihre Lesekompetenz auf unterschiedlichem Niveau erweitern. Aufgabenstellungen müssen für die Kinder ganz klar ersichtlich sein, erst dann können sie sich auf Inhalte konzentrieren und selbstständig ihre Kompetenzen erweitern. „Lesen ohne Stolperstein" bietet Kindern und Lehrkräften Material, bei dem dies möglich ist.

Für wen ist „Lesen ohne Stolperstein" gedacht?

Einerseits sollen Kinder, die intensiveres Üben brauchen, im eigenen Tempo fortschreiten dürfen, andererseits soll jenen Kindern, die bereits lesen können, die Möglichkeit gegeben werden, ihre Fähigkeiten auszubauen.

„Lesen ohne Stolperstein" kann also im **Anfangsunterricht der Grundschule sowie der Förderschule zur Differenzierung im Leselernprozess** eingesetzt werden. Die Lesemappen ergänzen so den Leselehrgang. Auch eine Wiederholung von einzelnen Buchstaben oder Buchstabengruppen zur Erweiterung und Vertiefung der Lesekompetenz in höheren Klassen ist durch „Lesen ohne Stolperstein" möglich. Vor allem die Geschichtenmappen eignen sich sehr gut für Kinder, die dem Lernstoff voraus sind, aber auch für solche, die in höheren Klassen zusätzlicher Förderung bedürfen.

Aufbau der Reihe „Lesen ohne Stolperstein"

Die Reihe besteht aus insgesamt 8 Lesemappen (Arbeitsmappen) für die Hand der Kinder. Davon sind die Bände 1 bis 6 **Buchstabenmappen**, in denen alle Buchstaben und wichtigen Buchstabenverbindungen behandelt werden. Bei den Bänden 7 und 8 handelt es sich um **Geschichtenmappen**, in die alle zuvor behandelten Buchstaben und Buchstabenverbindungen sinnvoll integriert sind.

Durch die Aufteilung in Arbeitsmappen ist die Reihenfolge der Buchstaben und Geschichten einfach an den verwendeten Leselehrgang anzugleichen. Auch der Schwierigkeitsgrad lässt sich ohne großen Aufwand variieren und an das Leistungsvermögen des jeweiligen Kindes durch Hinzufügen oder Weglassen von Arbeitsblättern anpassen.

Die Buchstabenmappen (Bände 1 bis 6)

Inhalt

Die Auswahl der Buchstaben in der Abfolge der Hefte erfolgte in Anlehnung an gängige Leselehrgänge, und zwar beginnend mit „einfachen" Buchstaben bis hin zu schwierigen Buchstabenverbindungen im letzten Heft.

- **Band 1:** Mm, Aa, Ii, Ll, Oo, Ee
- **Band 2:** Uu, Nn, Ss, Hh, Ff, Tt
- **Band 3:** Ww, Rr, Pp, Pfpf, Eiei, Schsch
- **Band 4:** Kk, Dd, Bb, Gg, Zz, ch, Cc, ck
- **Band 5:** Jj, Vv, Ququ, Xx, Yy, Ää, Öö, Üü
- **Band 6:** ie, Eueu, Äuäu, ai, ß, tz, Stst, Spsp, ng

Für alle gängigen Buchstaben/Buchstabenkombinationen stehen 4 bis 6 Seiten zur Verfügung. Zu Beginn jedes Buchstabens wird eine Leitfigur eingeführt, die durch die Aufgabenblätter begleitet. Meist taucht sie auch im Geschichtenband als Hauptfigur beim entsprechenden Buchstaben auf.

Didaktisch-methodischer Hintergrund

Optische Differenzierung: Große und kleine Buchstaben in verschiedenen Schriftarten sollen richtig ausgewählt, ausgeschnitten und oben eingeklebt werden. Hier werden an die Kinder Anforderungen im Bereich der Raum-Lage-Beziehungen gestellt.

Akustische Differenzierung: Der entsprechende Laut wird jeweils am Anfang, in der Mitte und am Ende des Wortes lokalisiert. Die Kinder können dieses Blatt mit dem Stift bearbeiten. Der untere Teil wird trotzdem abgetrennt.

Wörter lesen – einfach: Relativ einfache Worte werden zum Bild geklebt. Silbenbögen unterstützen das Erlesen.

Wörter lesen – schwierig: Die Hilfe durch Silbenbögen wird in den ersten drei Bänden durchgängig verwendet, ab Band 4 entfällt diese beim zweiten Leseblatt.

Wörter schreiben: Wörter, soweit möglich lautgetreu und in Anlehnung an den Grundwortschatz, sollen möglichst nach Gehör aufgeschrieben werden. Der untere Abschnitt des Blattes kann vor Beginn der Arbeit abgetrennt, umgedreht und zur Kontrolle verwendet werden.

Sätze lesen: Sätze bzw. Satzteile werden Bildern zugeordnet. Die Aussage stimmt noch nicht vollständig mit dem Bild überein. Die Kinder sollen das Bild entsprechend ergänzen.

Die Geschichtenmappen (Bände 7 und 8)

Inhalt

Die Geschichtenmappen bieten Kindern die Möglichkeit, einzelne Buchstaben gehäuft in einem zusammenhängenden Text zu üben. Durch des Zuordnen der richtigen Bilder zum Text bzw. der Anworten zeigen die Kinder, ob sie den Inhalt der Geschichte verstanden haben.

- **Band 7:** Geschichten mit Mm, Aa, Ii, Ll, Oo, Ee, Uu, Nn, Ss, Hh, Ff, Tt, Ww, Rr, Pp, Pfpf, Eiei, Schsch, Kk, Dd, Bb
- **Band 8:** Geschichten mit Gg, Zz, ch, Cc, ck, Jj, Vv, Ququ, Xx, Yy, Ää, Öö, Üü, ie, Eueu, Äuäu, ai, ß, tz, Stst, Spsp, ng

Didaktisch-methodischer Hintergrund

Geschichte lesen: In eine Geschichte soll eine Auswahl von Bildern an die richtige Stelle im Text geklebt werden. Die Kinder können auch den entsprechenden Buchstaben im Text suchen und farbig markieren, da dieser hier häufig zu finden ist. Das Bild zu Beginn stimmt in die Geschichte ein.

Fragen zum Text: Bezugnehmend auf die vorausgegangene Geschichte werden Fragen gestellt. Eine Auswahl von Antworten wird diesen zugeordnet.

Handhabung: Wie arbeite ich mit den Lesemappen „Lesen ohne Stolperstein"?

Jedes Aufgabenblatt besteht aus zwei Teilen: der obere Teil beinhaltet die zu bearbeitenden Aufgaben, der untere Teil das dazu nötige (Verbrauchs-)Material. Wie durch die Schere symbolisiert, wird jeweils das untere Drittel des Blattes abgeschnitten. Zur Bearbeitung der Aufgaben werden Teile des unteren Abschnitts oben eingeklebt. Sind alle Aufgaben fertig bearbeitet, wird die gesamte Lesemappe verkürzt (also auch der Umschlag!). So entsteht eine individuelle Mappe in einem kleineren Format.

Lehrerseite – Bitte aus der Mappe herausnehmen!

Die Reihe *Lesen ohne Stolperstein* im Überblick

Erfolgreich erprobtes Lese-Fördermaterial für Kinder mit unterschiedlichem Leistungsvermögen

Lesen ohne Stolperstein eignet sich hervorragend zur gezielten und nachhaltigen Förderung von Kindern, die **Schwierigkeiten im Leselernprozess** haben und **individuell gefördert** werden sollen. Klare Aufgabenstellungen ermöglichen den Kindern eigenständiges Arbeiten auf unterschiedlichem Niveau. So können sie sich ganz auf die Inhalte konzentrieren und selbstständig ihre **Lesekompetenz erweitern**.

Die Reihe besteht aus insgesamt 8 Lesemappen für die Hand der Kinder. Die **Bände 1 bis 6** enthalten Übungsblätter zu allen Buchstaben und wichtigen Buchstabenverbindungen, die **Bände 7 und 8** Geschichten, in die alle zuvor behandelten Buchstaben und Buchstabenverbindungen integriert sind.

Die Besonderheit: Jedes Aufgabenblatt besteht aus zwei Teilen. Zur Bearbeitung der Aufgaben im oberen Teil wird der untere Teil abgeschnitten und oben eingeklebt. Sind alle Aufgaben fertig bearbeitet, wird auch der Umschlag gekürzt, sodass jedes Kind eine individuelle Mappe im kleineren Format erhält.

Die Bände 1 bis 6 (Buchstabenmappen)

Die Auswahl der Buchstaben erfolgte in Anlehnung an gängige Leselehrgänge, und zwar beginnend mit einfachen Buchstaben in den ersten Heften bis hin zu schwierigen Buchstabenverbindungen im letzten Heft.
Für jeden Buchstaben/jede Buchstabenverbindung stehen jeweils 4 bis 6 Seiten zur Verfügung.

Band 1	Band 2	Band 3	Band 4	Band 5	Band 6
Buchstaben *Mm, Aa, Ii, Ll, Oo, Ee*	Buchstaben *Uu, Nn, Ss, Hh, Ff, Tt*	Buchstaben *Ww, Rr, Pp, Pfpf, Eiei, Schsch*	Buchstaben *Kk, Dd, Bb, Gg, Zz, ch, Cc, ck*	Buchstaben *Jj, Vv, Ququ, Xx, Yy, Ää, Öö, Üü*	Buchstaben *ie, Eueu, Äuäu, ai, ß, tz, Stst, Spsp, ng*
43 S.	43 S.	43 S.	51 S.	49 S.	47 S.
Best.-Nr. 864	Best.-Nr. 865	Best.-Nr. 866	Best.-Nr. 867	Best.-Nr. 868	Best.-Nr. 869

Die Bände 7 und 8 (Geschichtsmappen)

Die Geschichtenmappen bieten den Kindern die Möglichkeit, einzelne Buchstaben gehäuft in einem zusammenhängenden Text zu üben. Durch das Zuordnen der richtigen Bilder zum Text bzw. der Anworten zeigen die Kinder, ob sie den Inhalt der Geschichte verstanden haben.

Band 7
Geschichten mit *Mm, Aa, Ii, Ll, Oo, Ee, Uu, Nn, Ss, Hh, Ff, Tt, Ww, Rr, Pp, Pfpf, Eiei, Schsch, Kk, Dd, Bb*
49 S.
Best.-Nr. 870

Band 8
Geschichten mit *Gg, Zz, ch, Cc, ck, Jj, Vv, Ququ, Xx, Yy, Ää, Öö, Üü, ie, Eueu, Äuäu, ai, ß, tz, Stst, Spsp, ng*
51 S.
Best.-Nr. 871

Arbeitsmappe/Fördermaterial

Anna Kistler/Stefanie Schneider
Layout und Illustration: Anja Lindemann

Lesen ohne Stolperstein

BAND 6: Buchstaben **ie, Eueu, Äuäu, ai, ß, tz, Stst, Spsp, ng**

Diese Mappe gehört:

Mit Schere ...

... und Kleber

Lesen

Name: **Datum:**

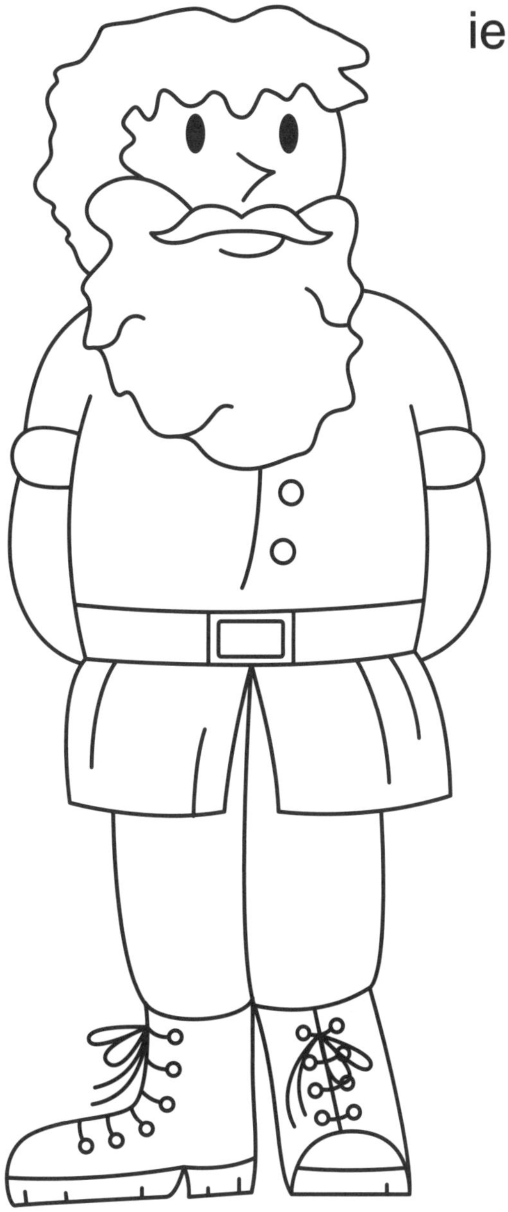

ie: Schau genau!

ie

Klebe richtig dazu!

Lesen  Name: Datum:

ie: Wörter

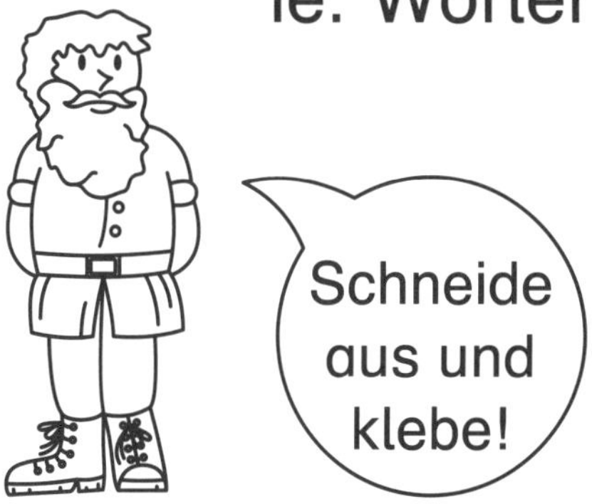

Schneide aus und klebe!

 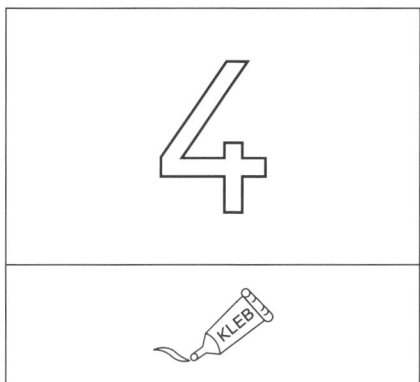 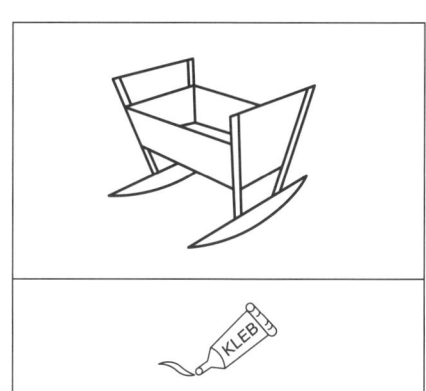

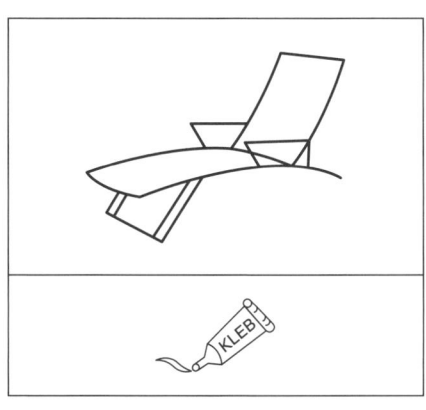  

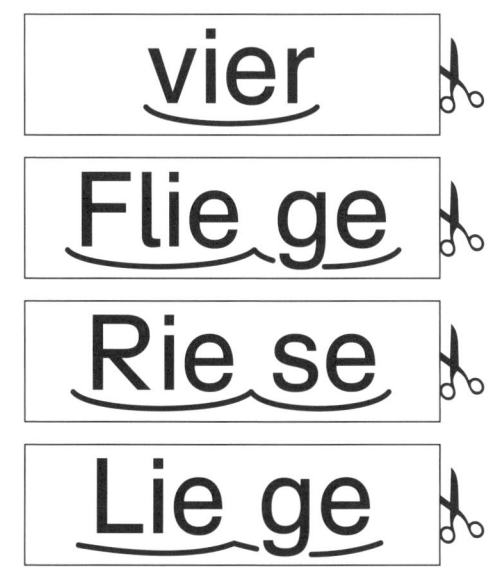 

vier	Zie ge
Flie ge	Bier
Rie se	Wie se
Lie ge	Wie ge

Lesen — Lesen ohne Stolperstein — Name: — Datum:

ie: Wörter schreiben

Schreibe und kontrolliere!

Kontrolliere!

vier
Dienstag
Zwiebel
Riegel

Wiese
Biene
sieben
Brief

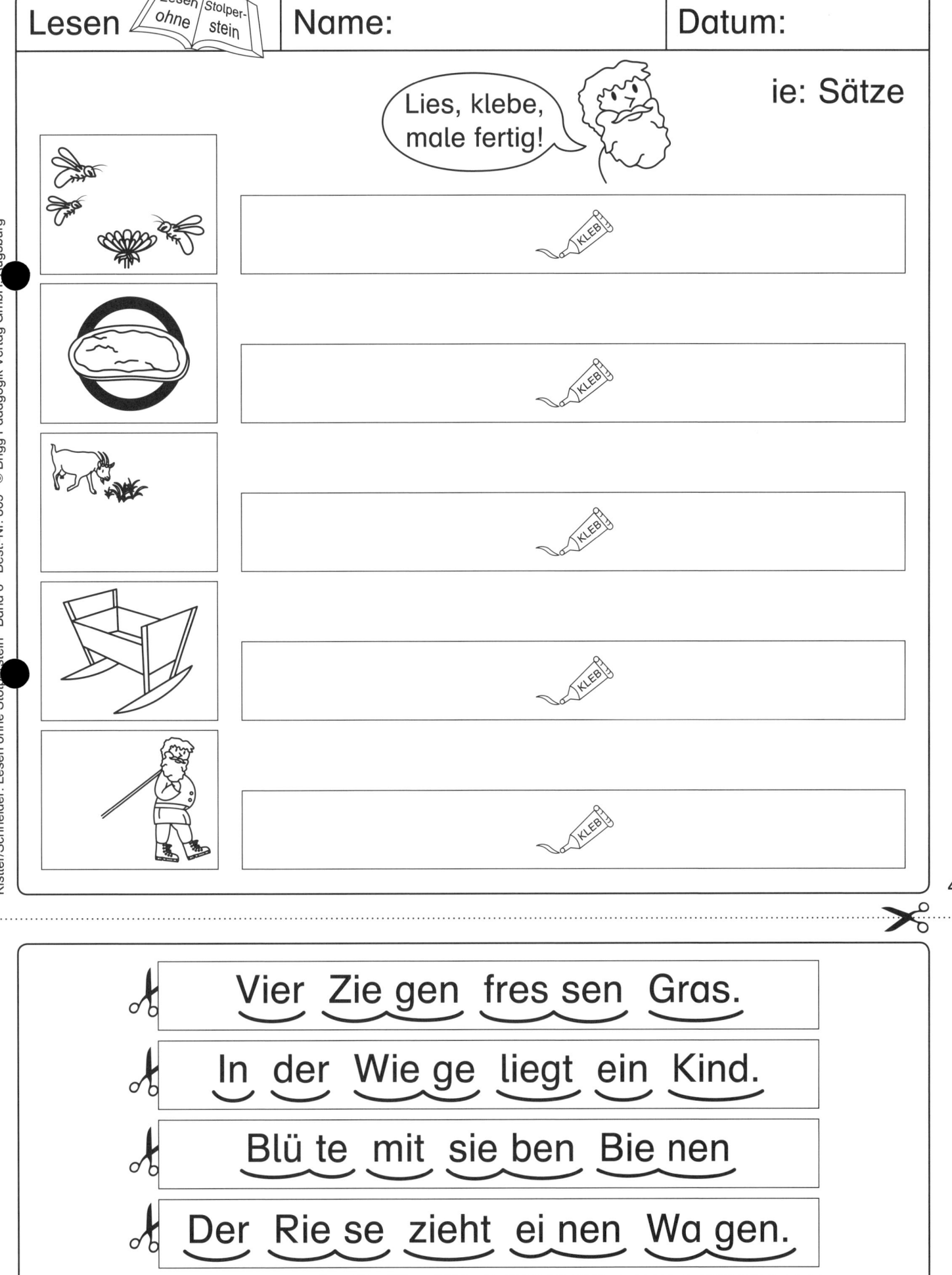

| Lesen | Name: | Datum: |

Eu/eu: Schau genau!

Eu
eu

Klebe richtig dazu!

---

en · Eu · Eü · Eu · eü · eu · eu · Hn · Eu · En · eu · Nu · Eu

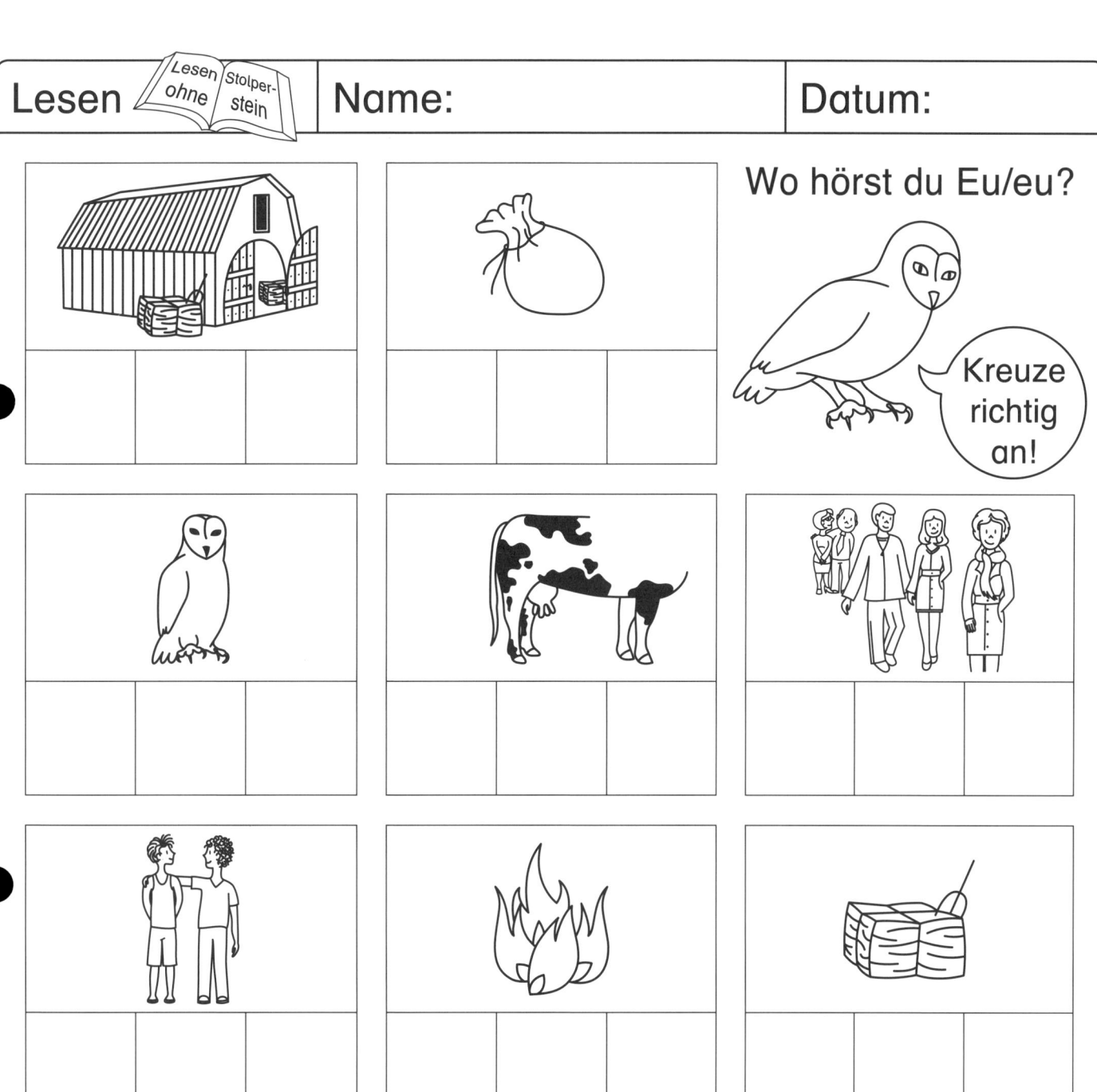

Lesen ohne Stolperstein

Name: **Datum:**

Wo hörst du Eu/eu?

Kreuze richtig an!

Was passt oben?

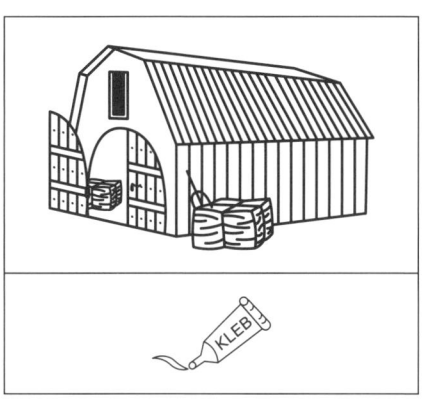

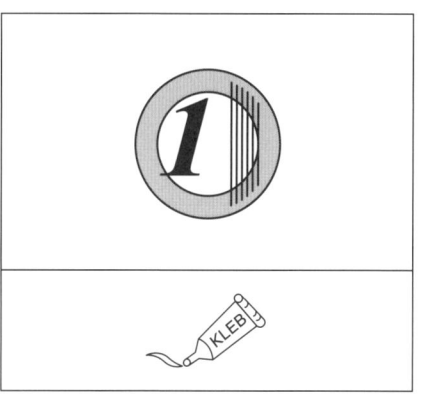

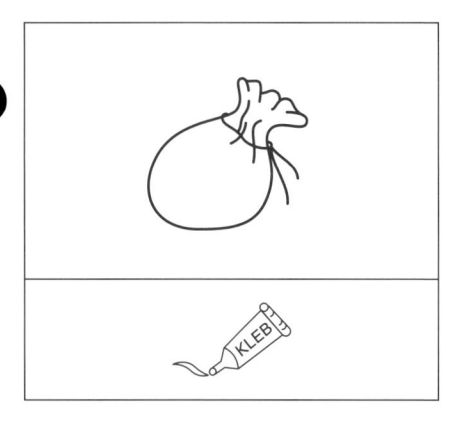

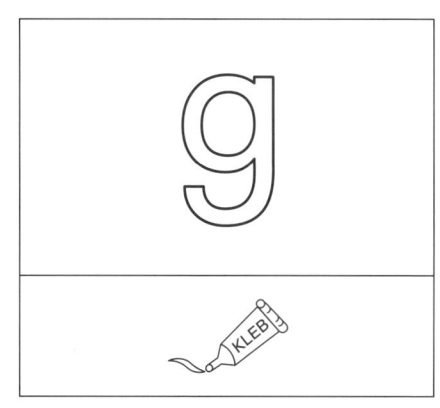

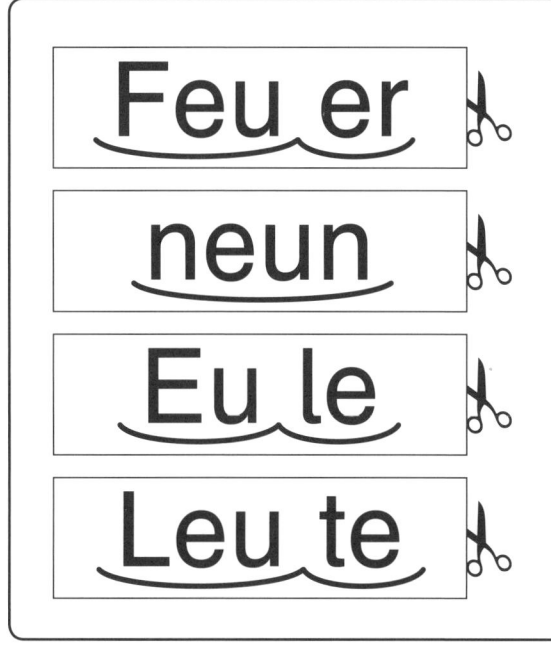

Lesen — Lesen ohne Stolperstein   Name: Datum:

Eu/eu: Wörter

Schneide aus und klebe!

Feu er	Beu tel
neun	Eu ro
Eu le	Heu
Leu te	Scheu ne

Lesen — Name: — Datum:

Eu/eu: Wörter schreiben

Schreibe und kontrolliere!

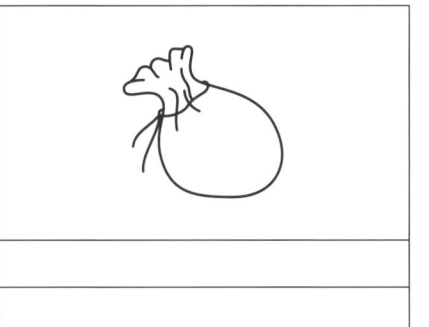

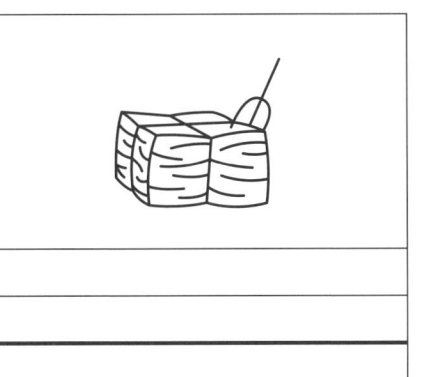

Kontrolliere!

- neun
- Leute
- Beutel
- Scheune
- Euro
- Heu
- Eule
- Feuer

Lesen ohne Stolperstein | Name: | Datum:

Lies, klebe, male fertig!

Eu/eu: Sätze

Das Feu er raucht.

Ein Ha se ist im Heu.

Im Beu tel sind neun Eu ro.

Die neue Scheu ne ist rot.

Die Eu le heult im Baum.

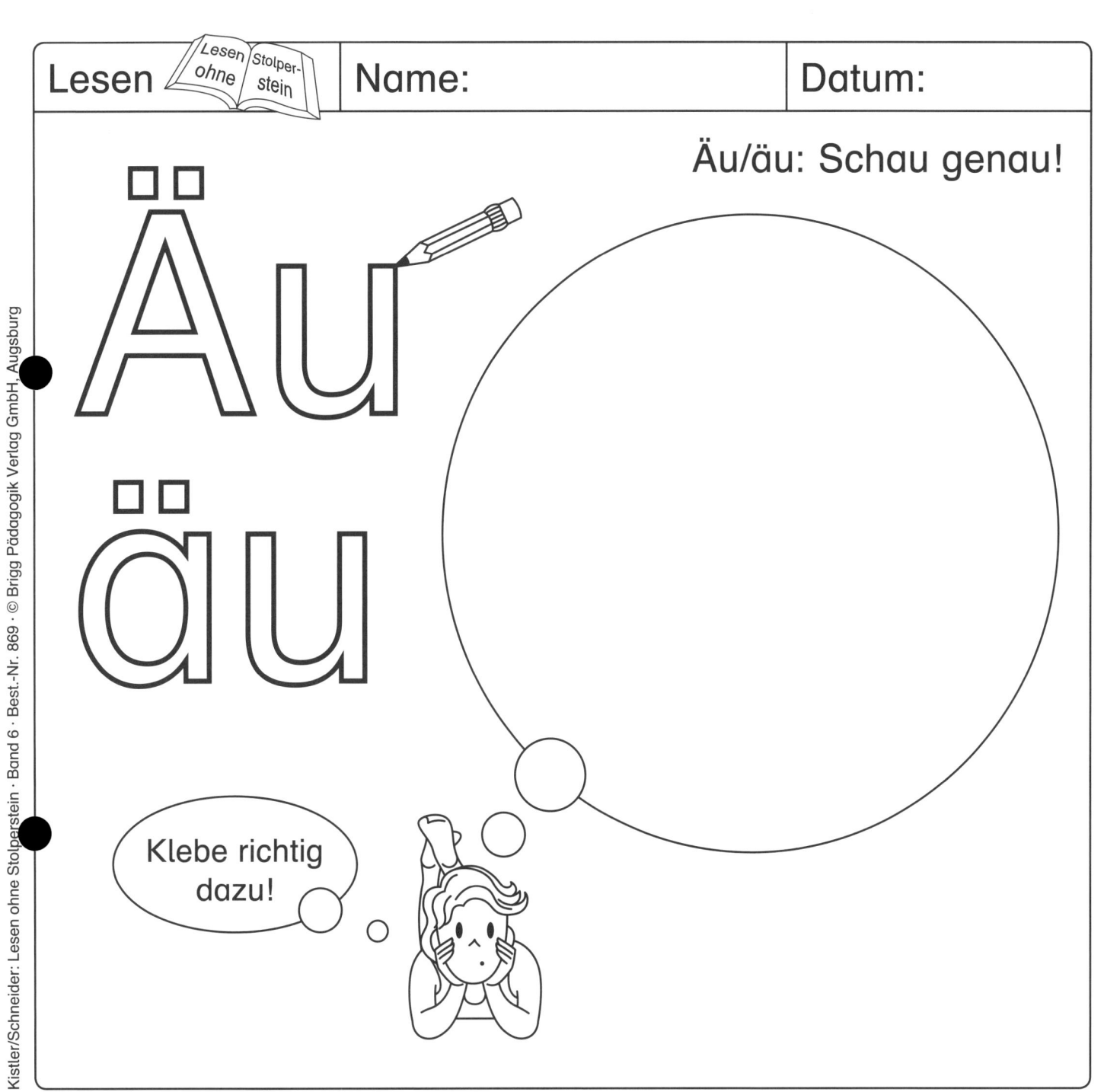

Lesen

Name:
Datum:

Äu/äu: Schau genau!

Äu
äu

Klebe richtig dazu!

Äu äu uä äu an äu

Uä Äu Au Äu äu Au An Äu

| Lesen | Name: | Datum: |

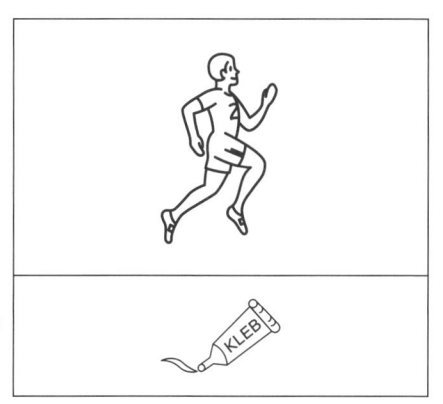

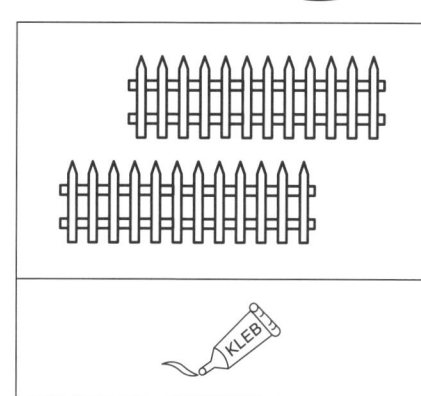

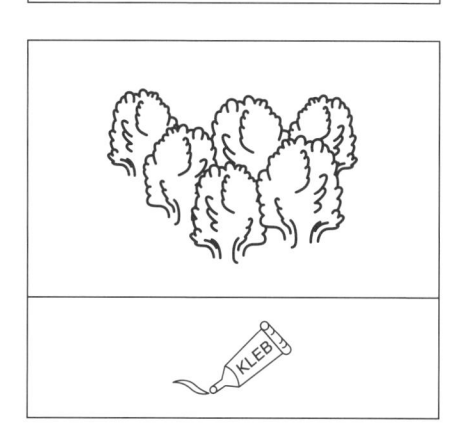

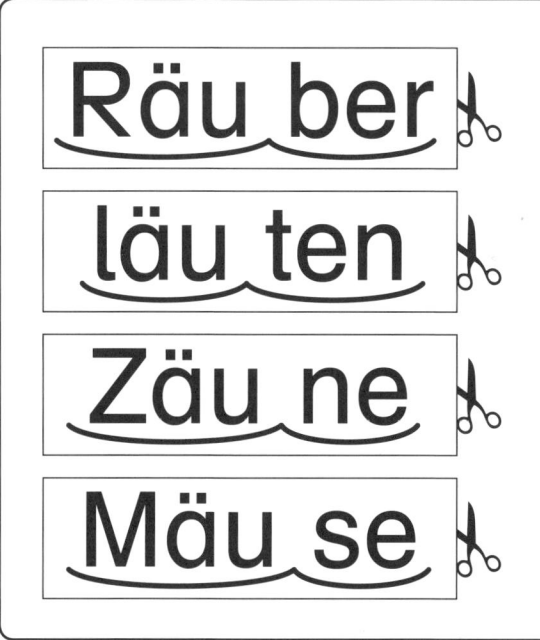

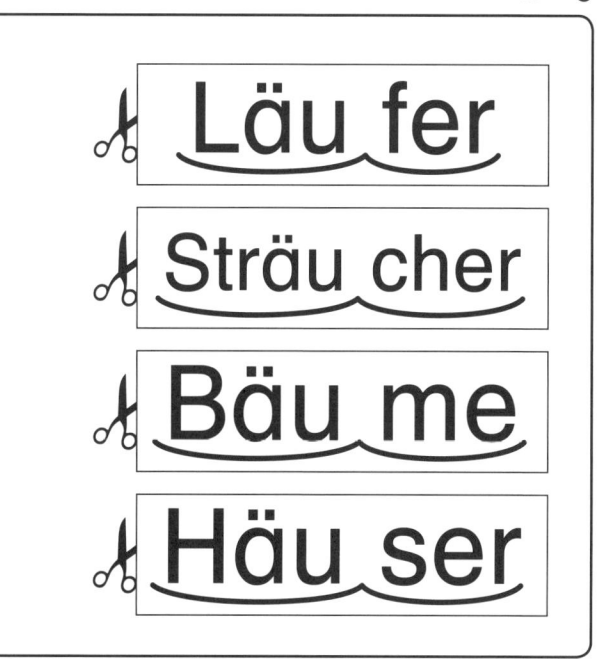

Äu/äu: Wörter

Schneide aus und klebe!

Räukert

Räu ber | Läu fer
läu ten | Sträu cher
Zäu ne | Bäu me
Mäu se | Häu ser

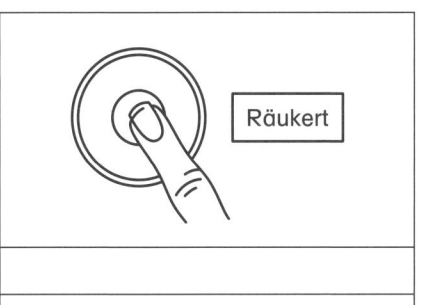

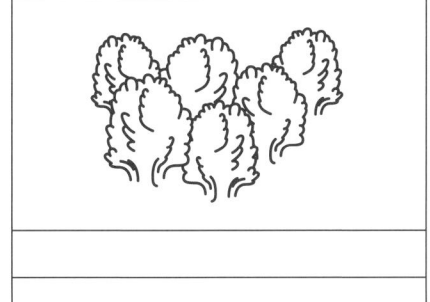

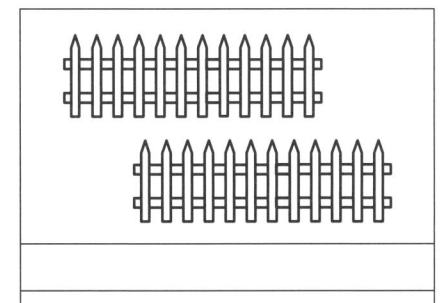

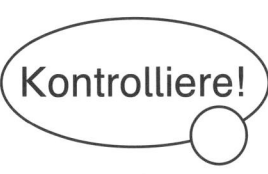

Lesen ohne Stolperstein

Name: Datum:

Äu/äu: Wörter schreiben

Schreibe und kontrolliere!

Räukert

Kontrolliere!

- läuten
- Sträucher
- Läufer
- Bäume
- Mäuse
- Zäune
- Häuser
- Räuber

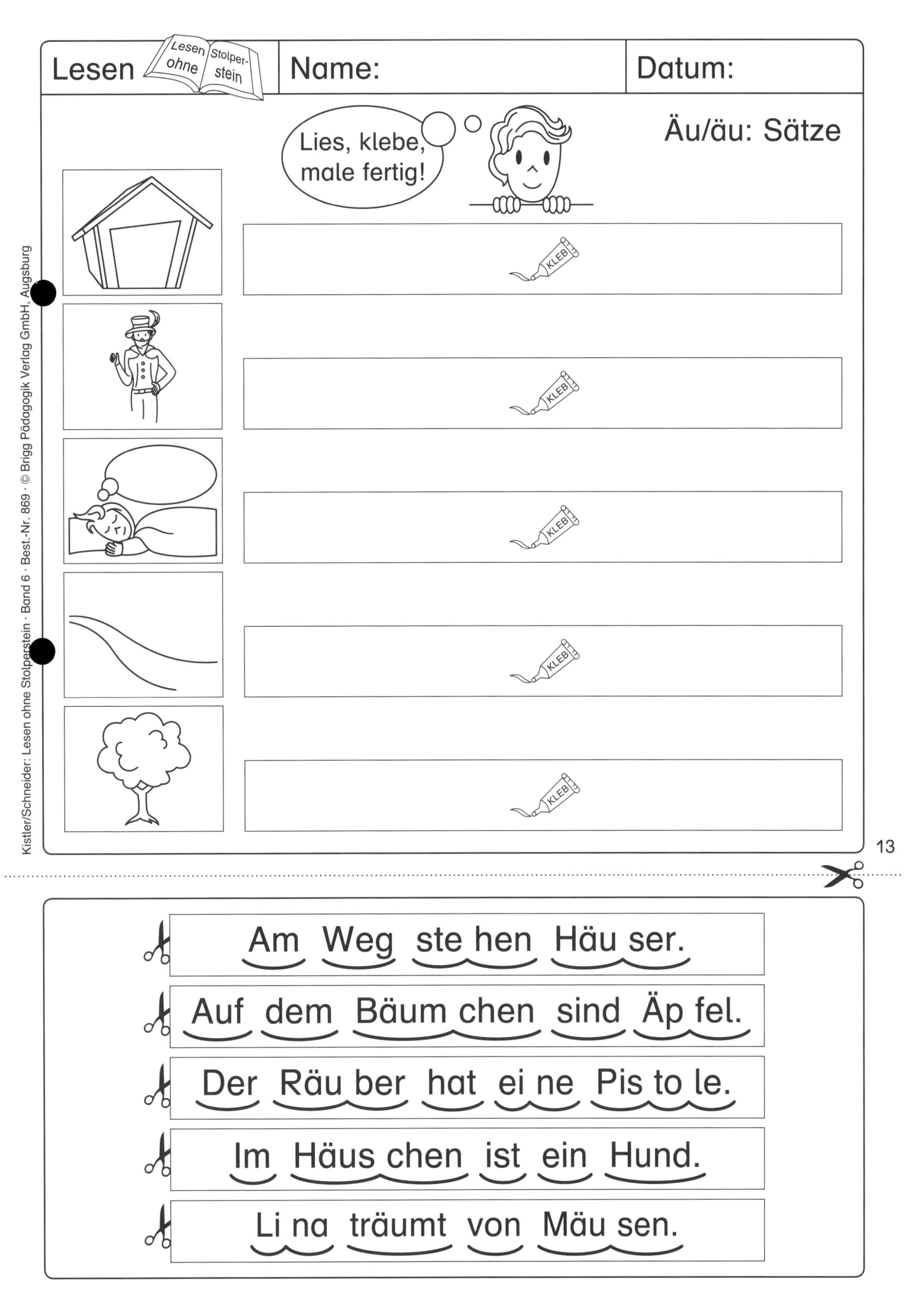

Lesen ohne Stolperstein

Name: Datum:

Äu/äu: Sätze

Lies, klebe, male fertig!

Am Weg ste hen Häu ser.

Auf dem Bäum chen sind Äp fel.

Der Räu ber hat ei ne Pis to le.

Im Häus chen ist ein Hund.

Li na träumt von Mäu sen.

Lesen	Name:	Datum:

ai: Schau genau!

ai

Klebe richtig dazu!

---

al · Äl · ai · ai · Äj · ai · oi · ai · äi · aj

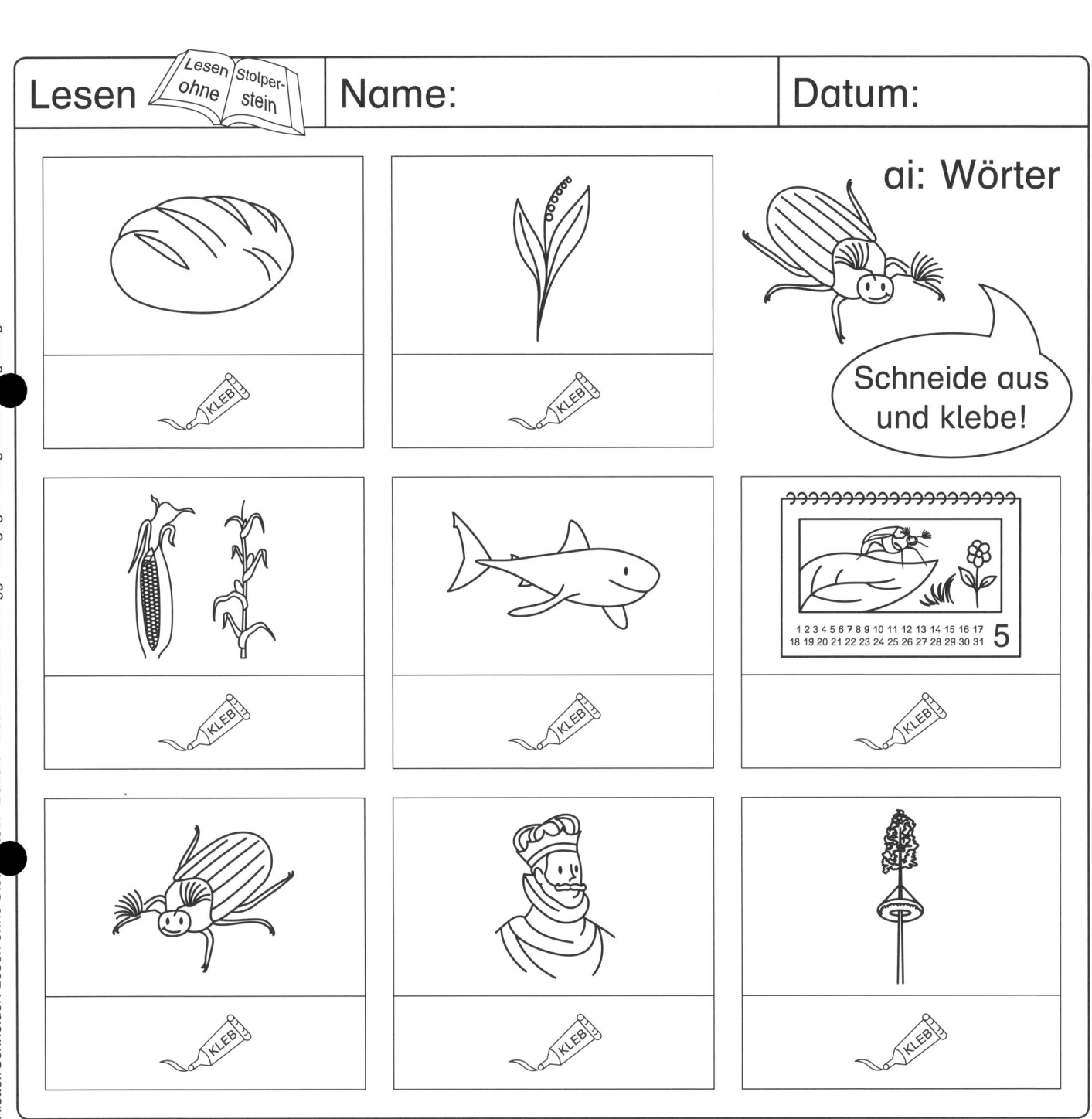

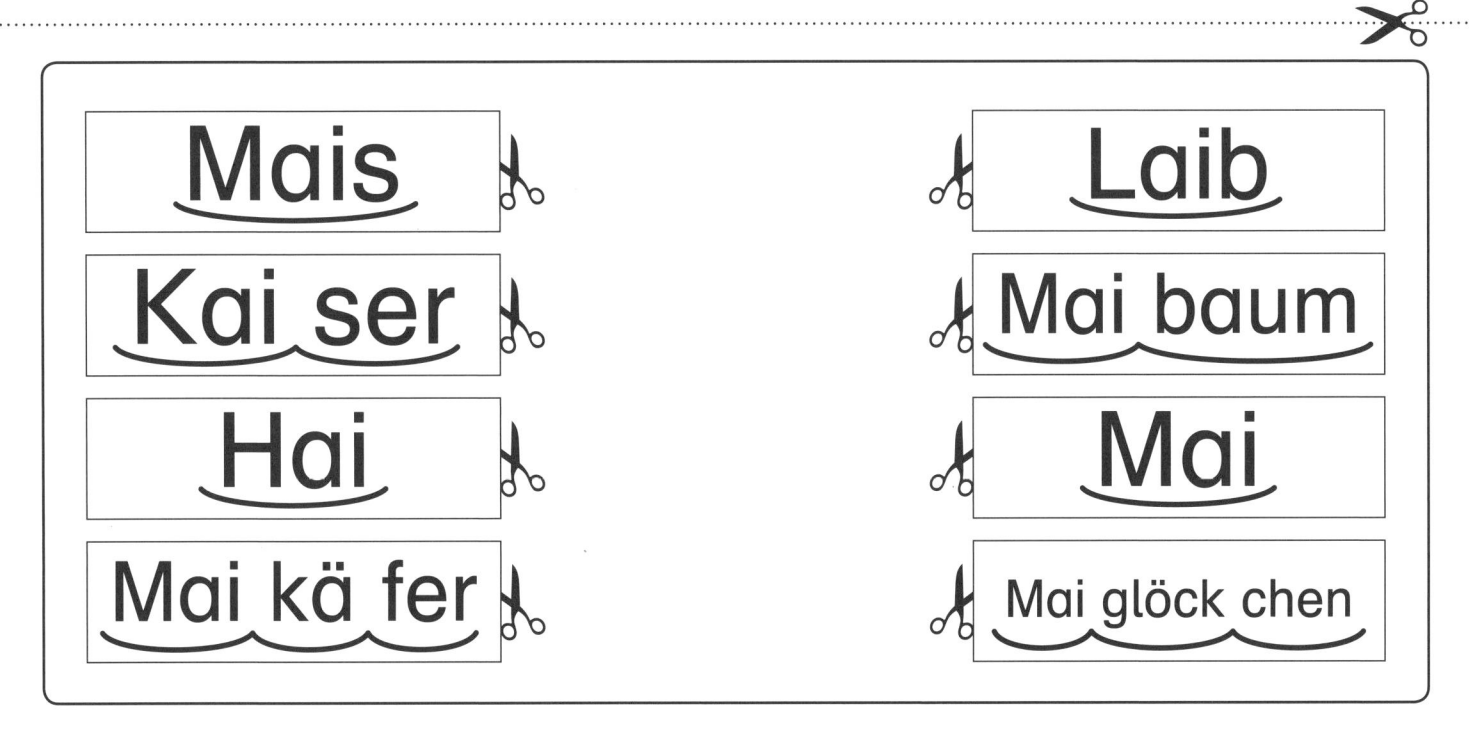

Lesen ohne Stolperstein Name: Datum:

ai: Wörter

Schneide aus und klebe!

15

Mais	Laib
Kai ser	Mai baum
Hai	Mai
Mai kä fer	Mai glöck chen

Lesen   Name: Datum:

ai: Wörter schreiben

Schreibe und kontrolliere!

Hai

Maibaum

Mais

Laib

Kontrolliere!

Kaiser

Maikäfer

Mai

Lesen ohne Stolperstein

Name: Datum:

ai: Sätze

Lies, klebe, male fertig!

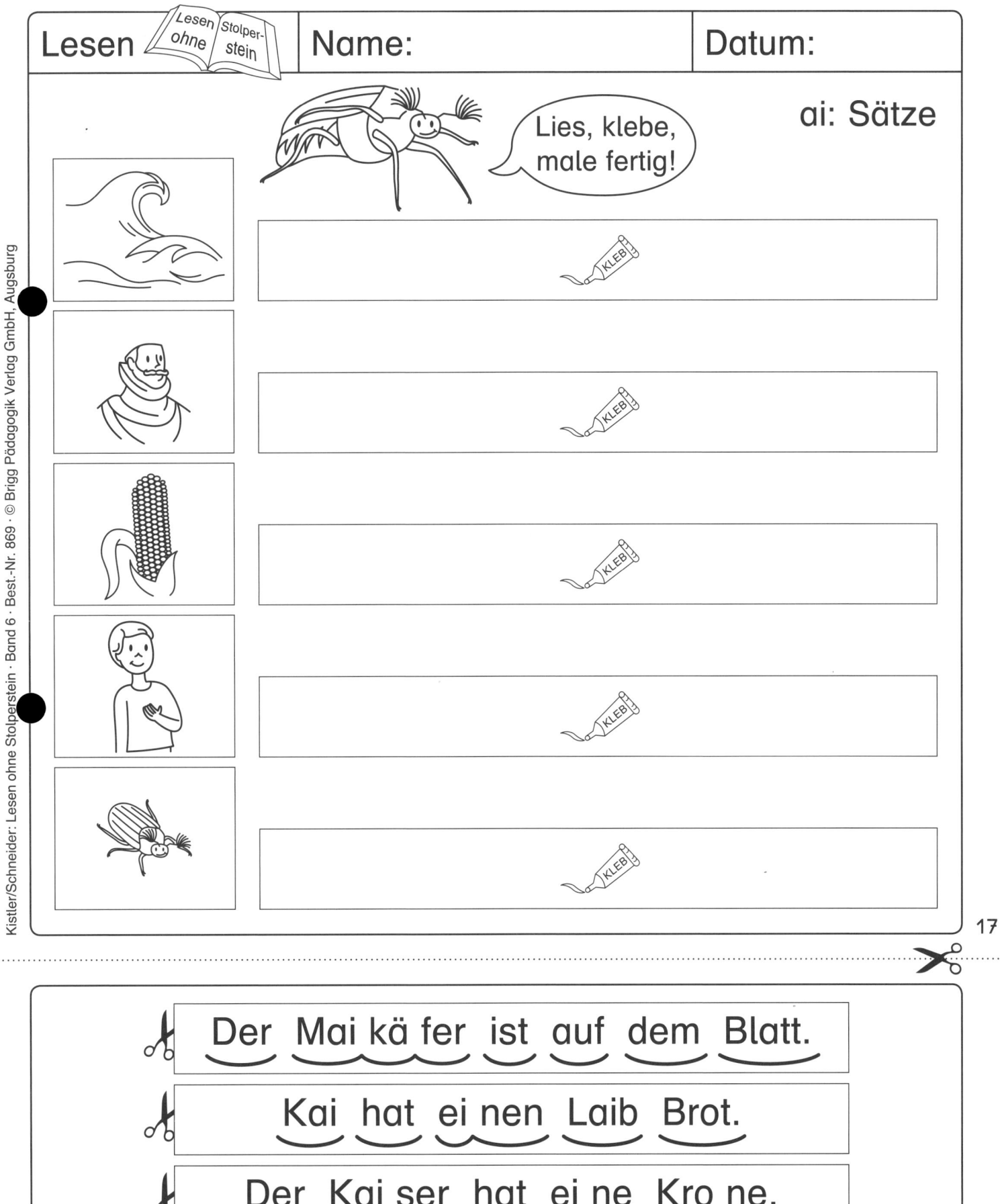

Der Mai kä fer ist auf dem Blatt.

Kai hat ei nen Laib Brot.

Der Kai ser hat ei ne Kro ne.

Ein Hai schwimmt im Was ser.

Mais kol ben sind gelb.

| Lesen | Name: | Datum: |

ß: Schau genau!

Klebe richtig dazu!

| Lesen | Name: | Datum: |

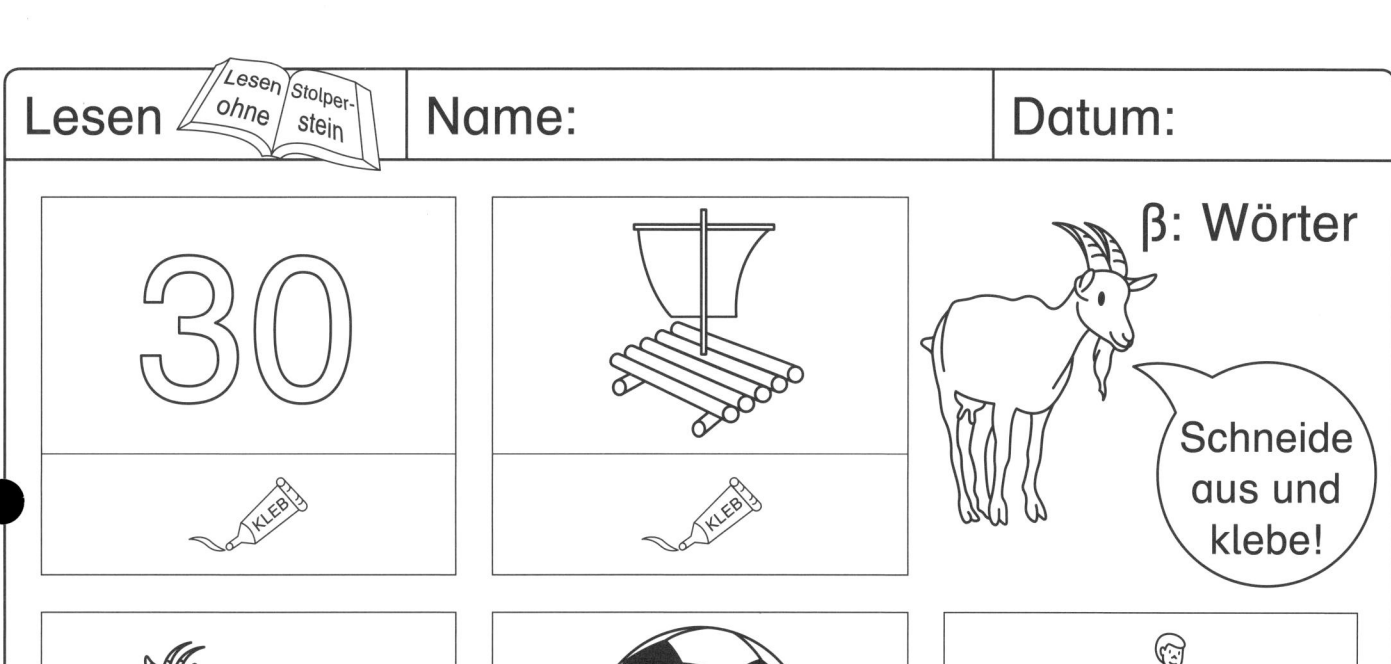

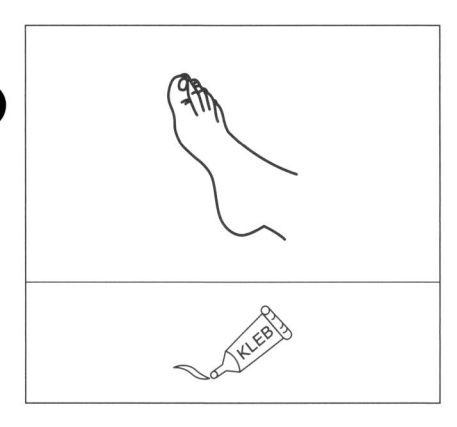

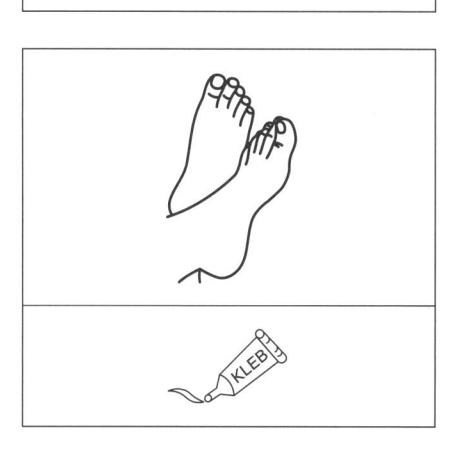

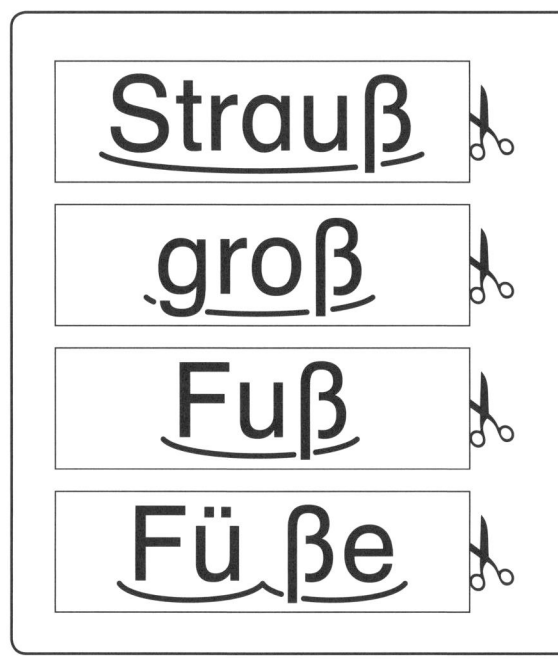

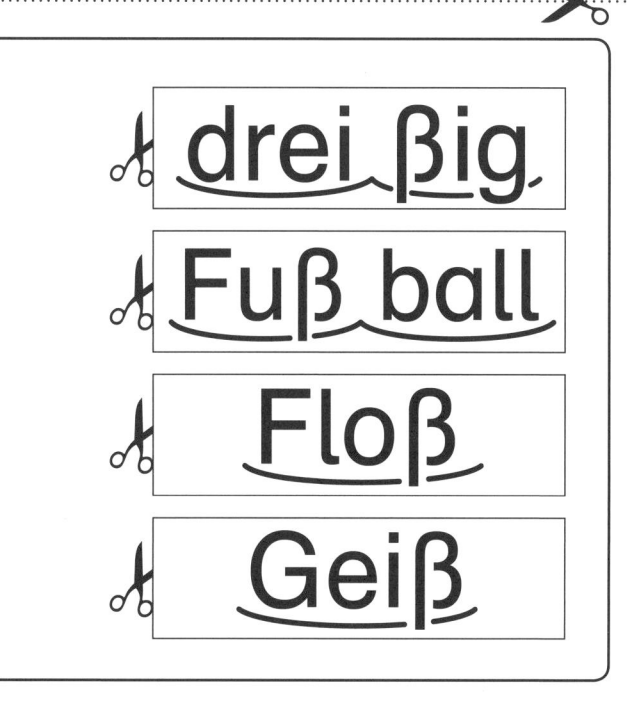

ß: Wörter

Schneide aus und klebe!

Strauß	dreißig
groß	Fußball
Fuß	Floß
Füße	Geiß

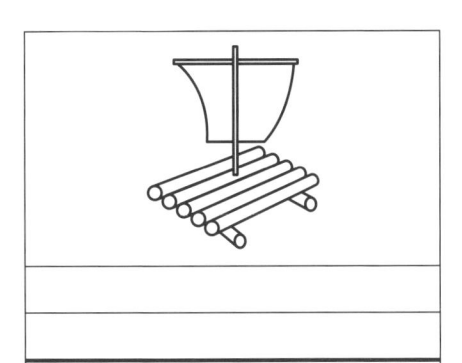

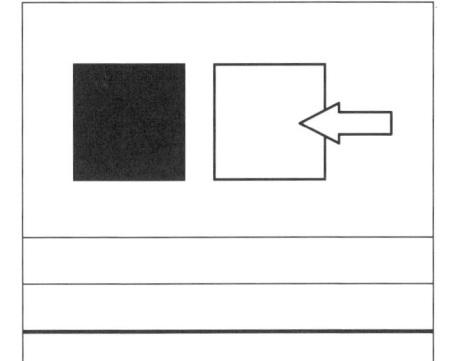

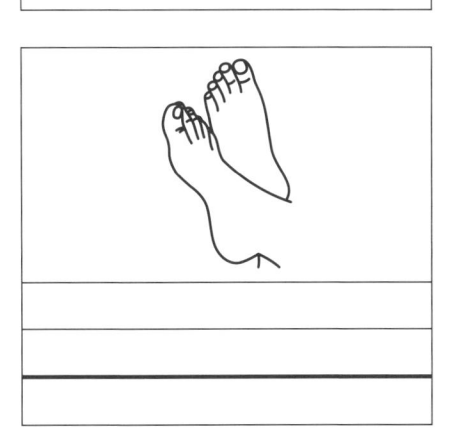

Lesen ohne Stolperstein

Name: **Datum:**

ß: Wörter schreiben

Schreibe und kontrolliere!

Kontrolliere!

- Strauß
- Füße
- heiß
- weiß
- dreißig
- Floß
- groß
- Fußball

Lesen ohne Stolperstein

Name: Datum:

Lies, klebe, male fertig!

ß: Sätze

Der Jä ger schießt auf die Schei be.

Der gro ße Jun ge schreibt flei ßig.

Der Strauß ist aus bun ten Blu men.

Das Kind spielt Fuß ball.

Ho nig ist süß und gelb.

| Lesen | Name: | Datum: |

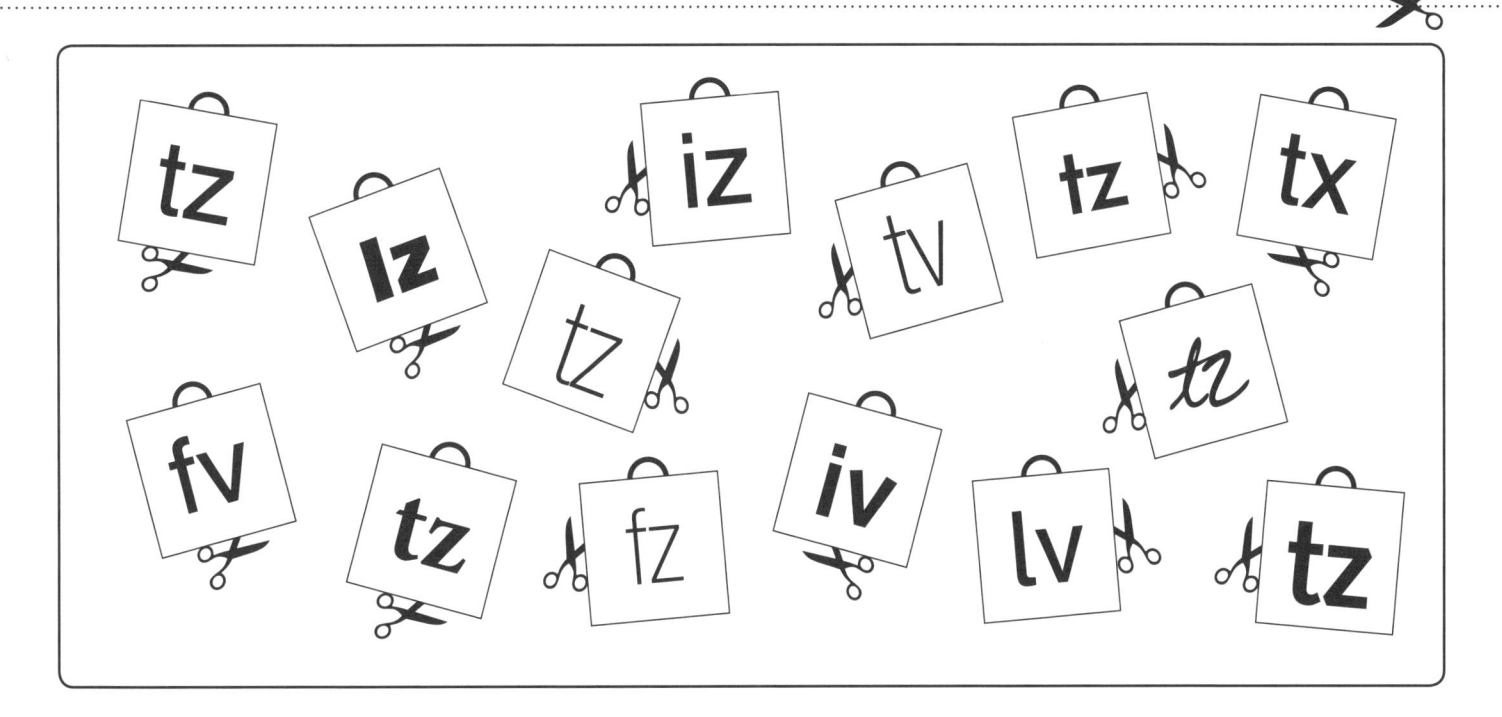

tz: Schau genau!

tz

Klebe richtig dazu!

---

tz   lz   iz   tz   tx
fv   tz   tv   tz
     tz   iv   lv   tz
     fz

Lesen ohne Stolperstein

Name:

Datum:

tz: Wörter

Schneide aus und klebe!

Blitz

Spitzer

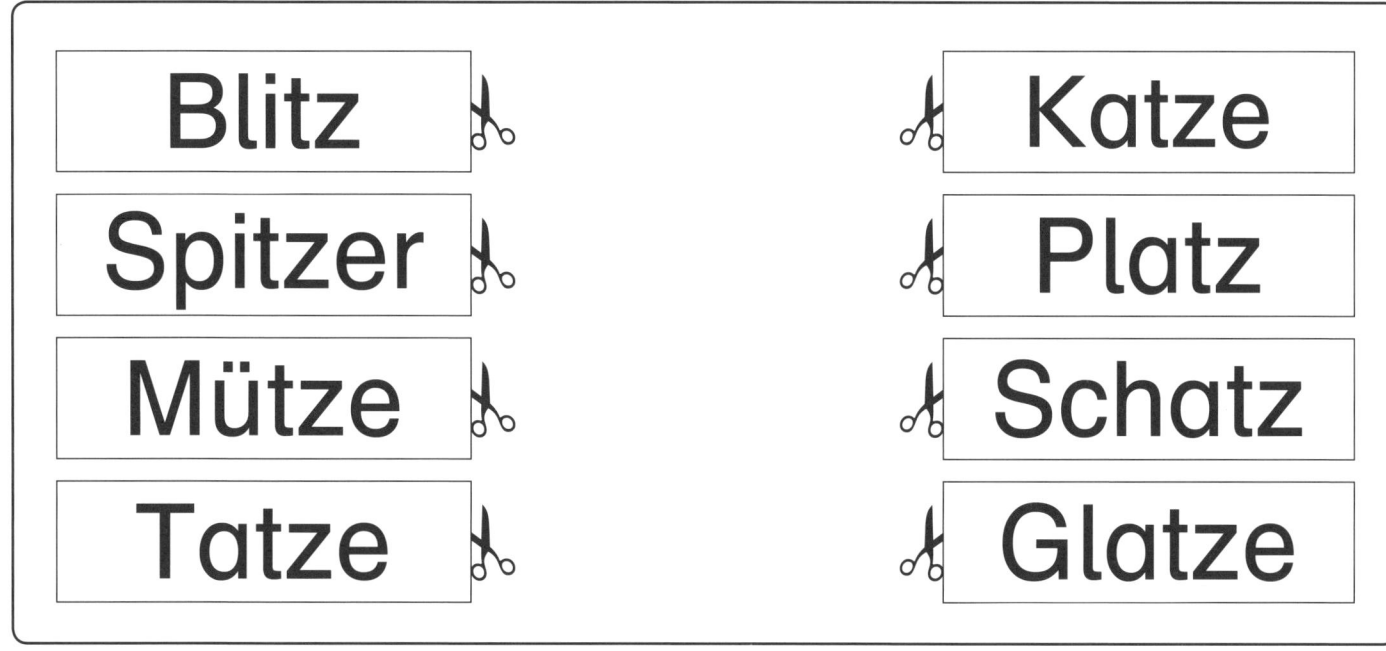

Mütze

Tatze

Katze

Platz

Schatz

Glatze

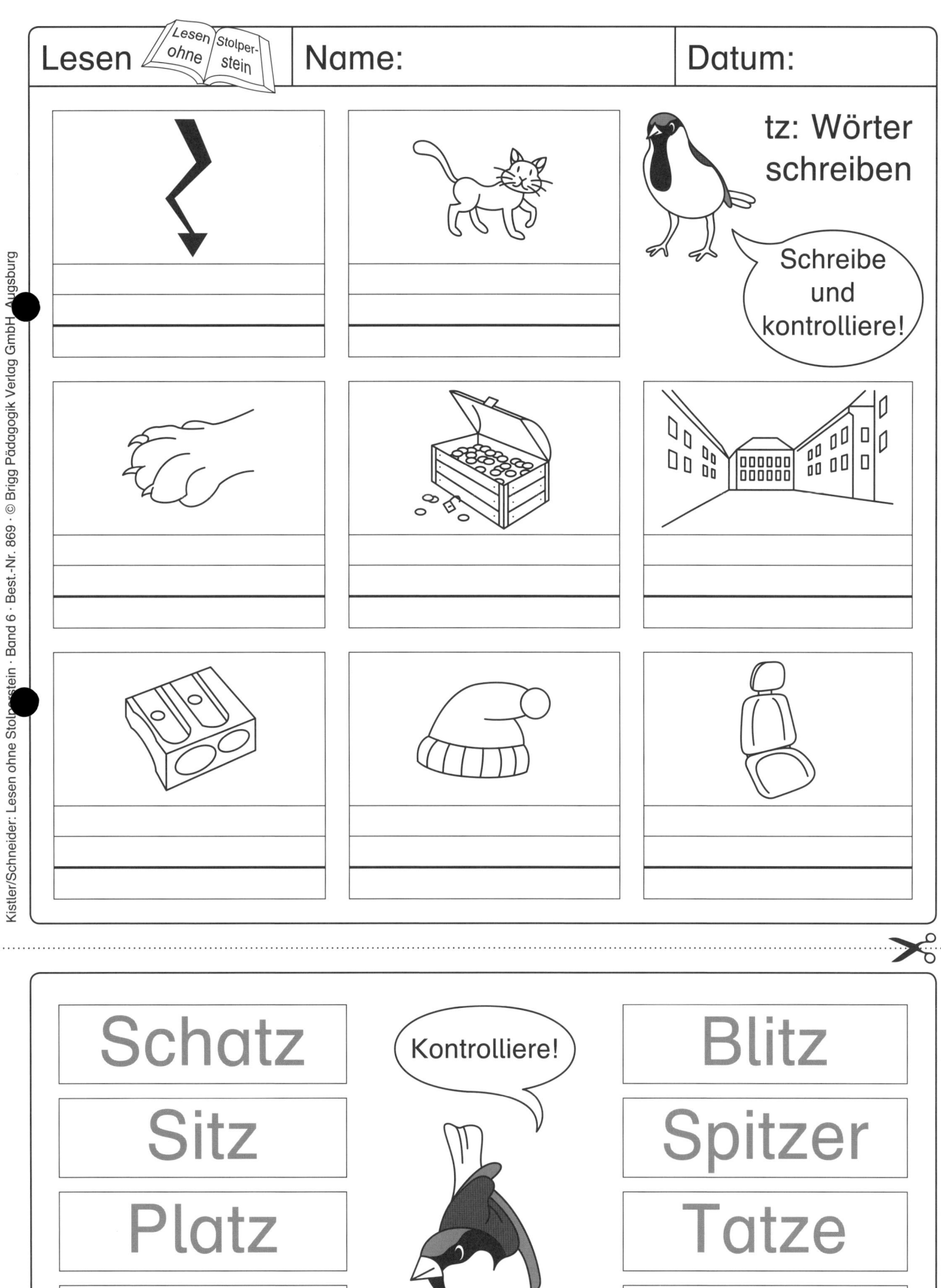

Lesen ohne Stolperstein

Name: **Datum:**

tz: Wörter schreiben

Schreibe und kontrolliere!

Kontrolliere!

- Schatz
- Sitz
- Platz
- Mütze

- Blitz
- Spitzer
- Tatze
- Katze

Lesen — Name: — Datum:

tz: Sätze

Lies, klebe, male fertig!

Ein Blitz kommt vom Himmel.

Die Mütze ist blau.

Auf der Glatze sitzt eine Fliege.

Ein Spatz badet in der Pfütze.

Die Katze spielt mit der Wolle.

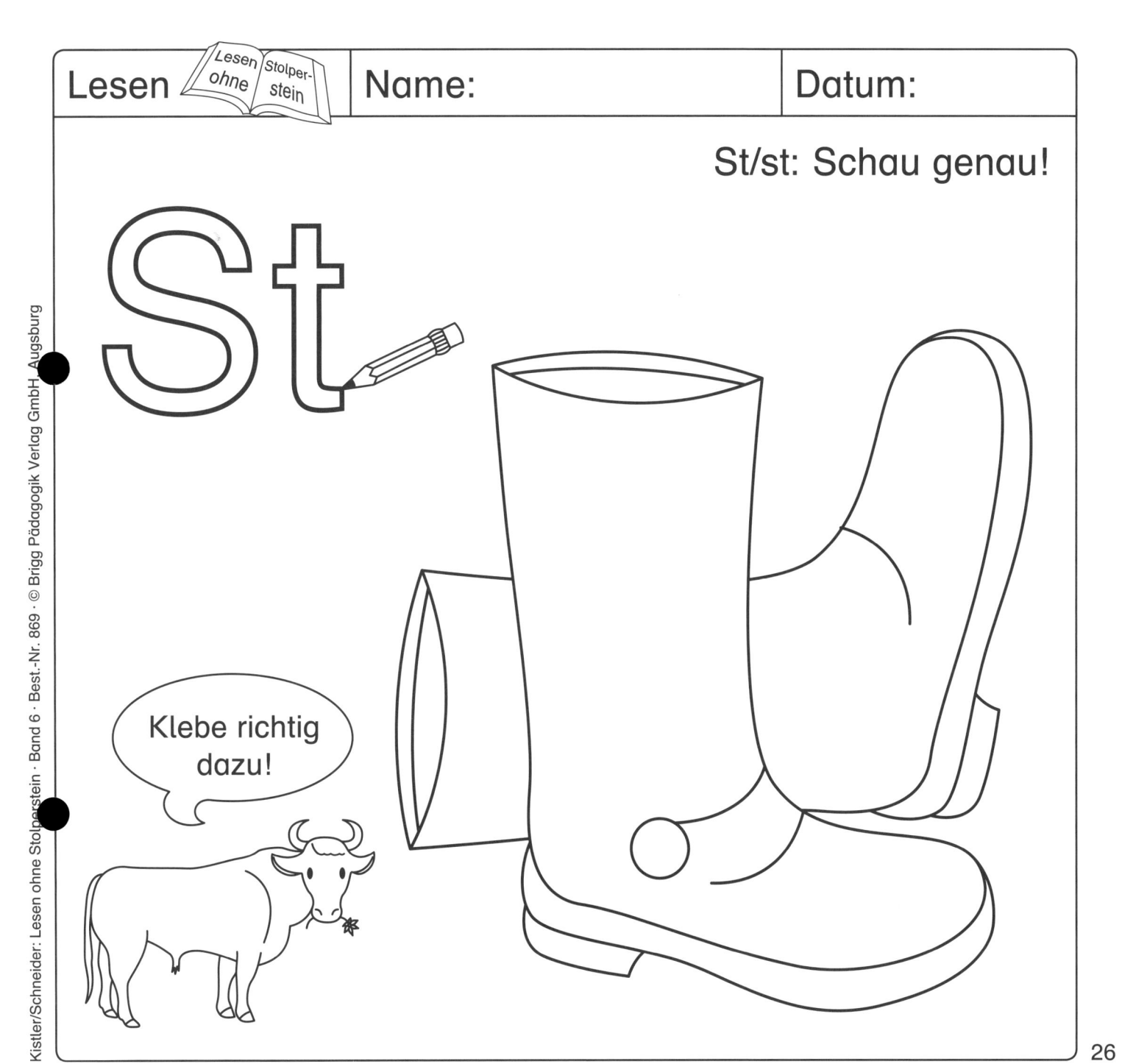

Lesen

Name: **Datum:**

St/st: Schau genau!

St

Klebe richtig dazu!

26

Lesen | Name: | Datum:

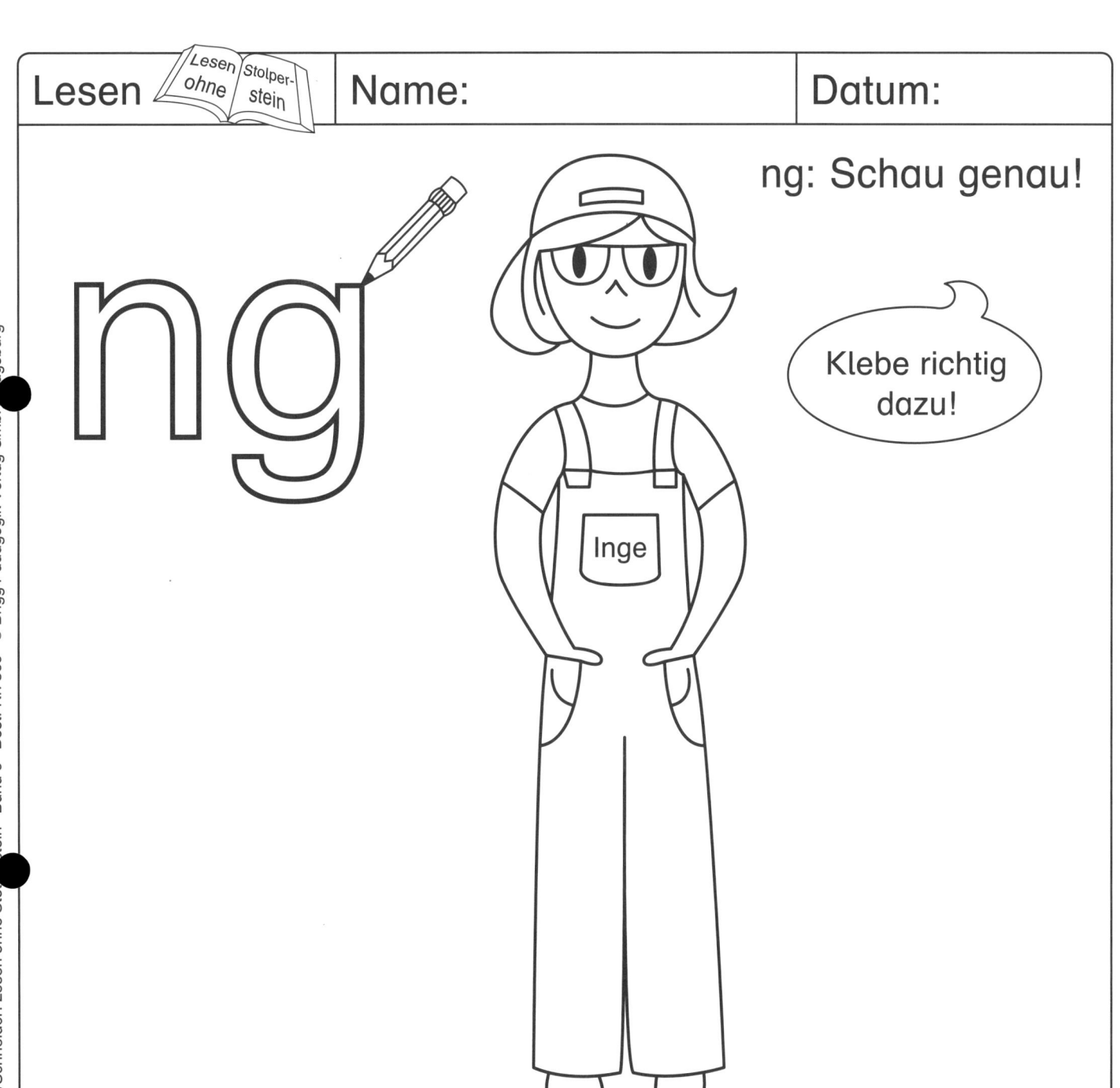

ng: Schau genau!

ng

Klebe richtig dazu!

Inge

nq ng np ng nd ng
mg ng
hg ng ma Mq
na no

Lesen   Name: Datum:

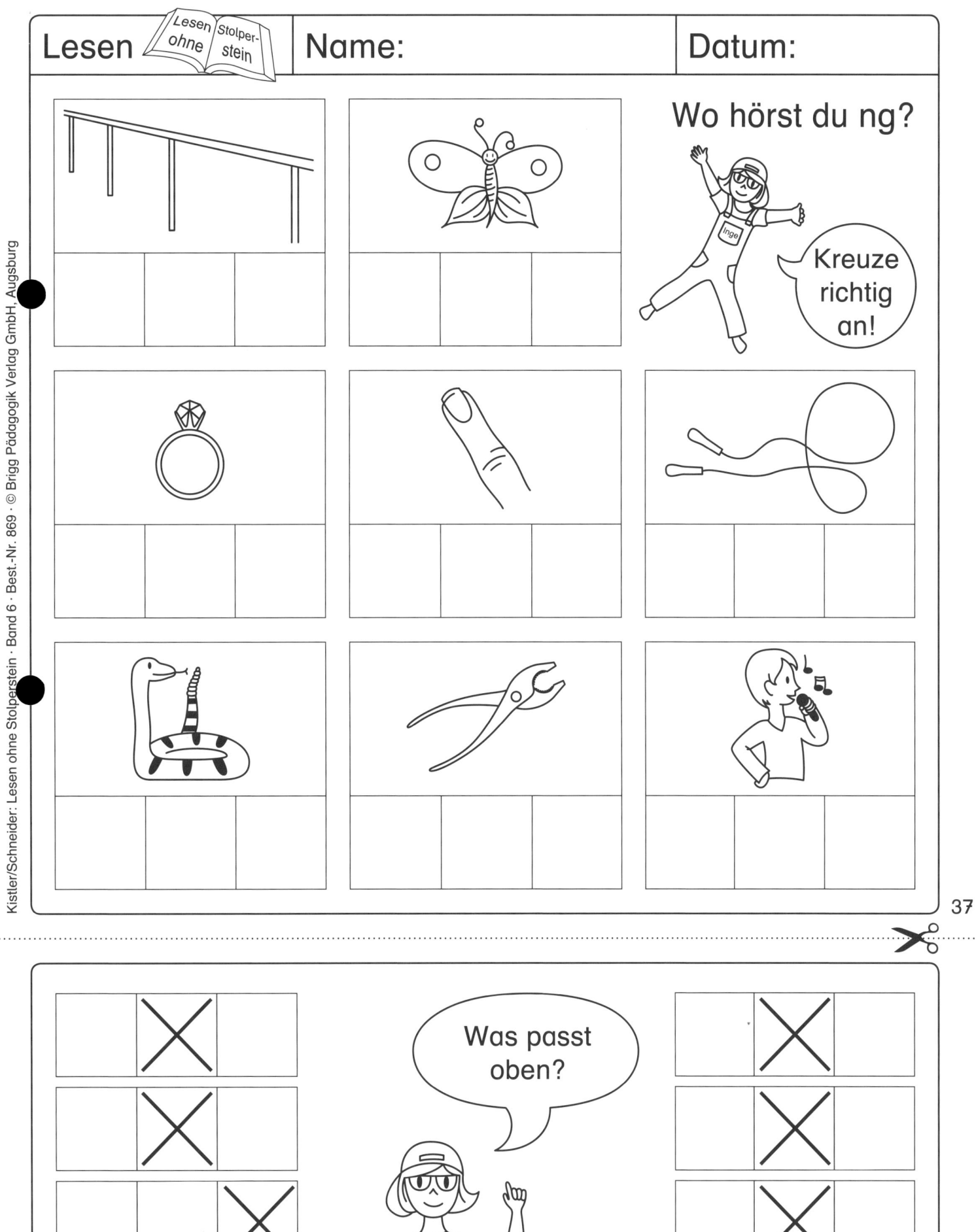

Wo hörst du ng?

Kreuze richtig an!

Was passt oben?

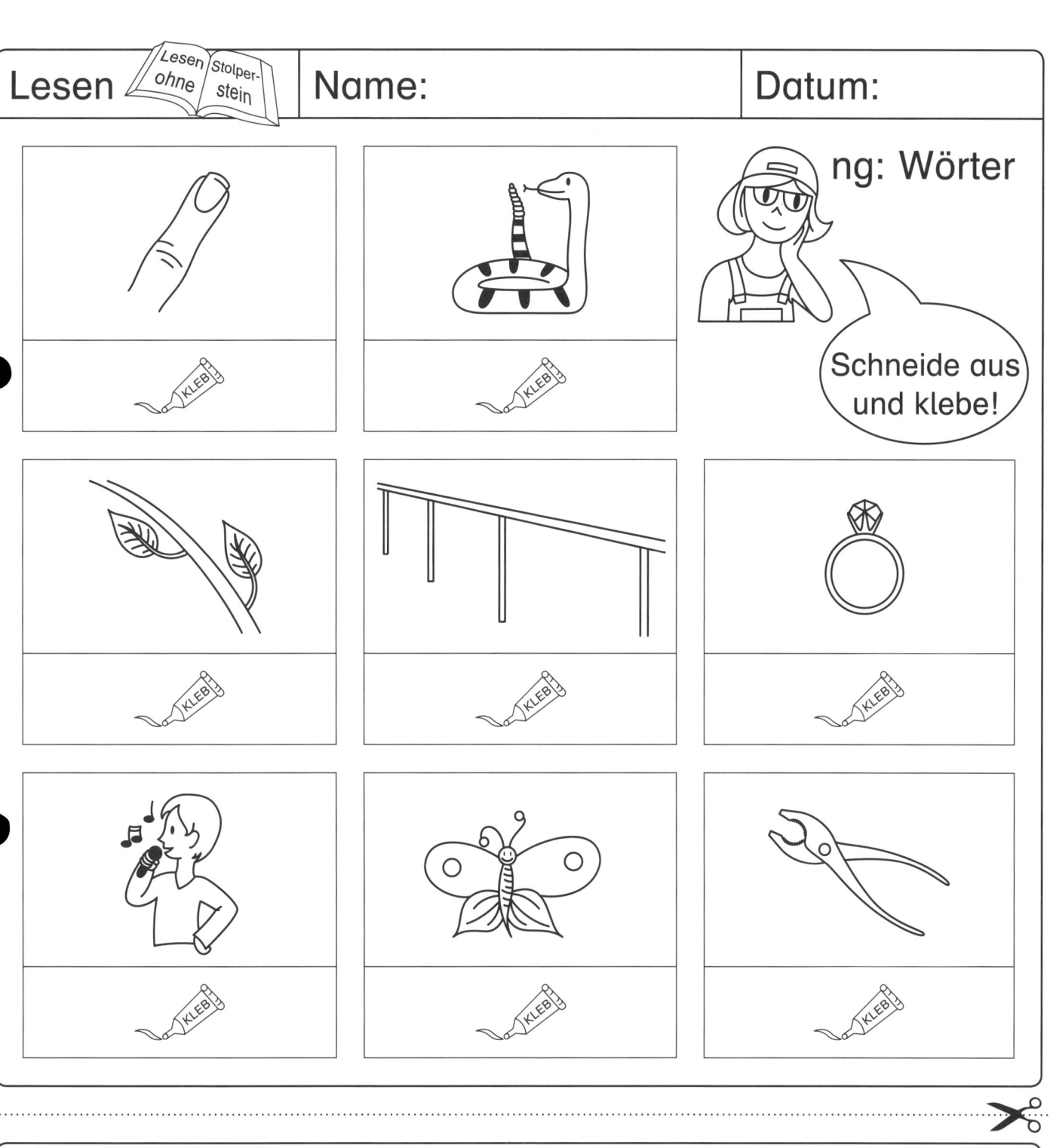

Lesen | Lesen ohne Stolperstein | Name: | Datum:

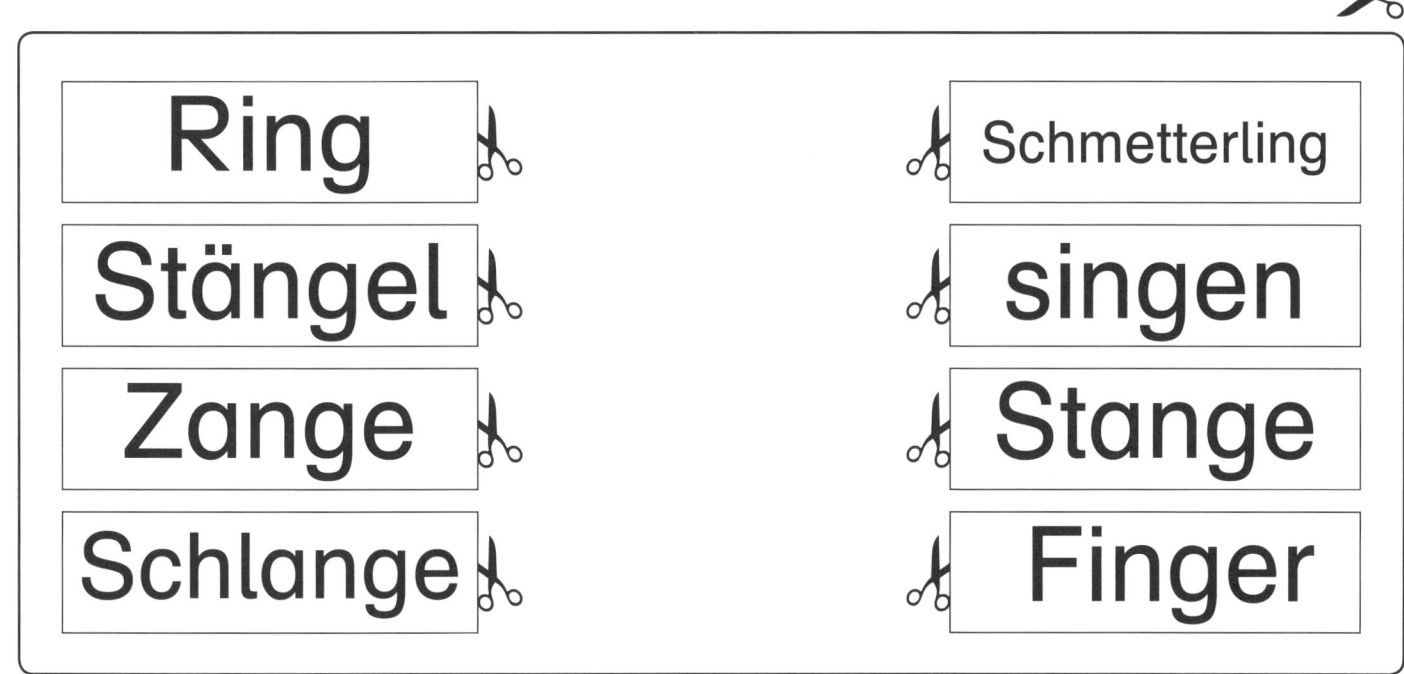

ng: Wörter

Schneide aus und klebe!

Ring

Stängel

Zange

Schlange

Schmetterling

singen

Stange

Finger

Lesen ohne Stolperstein   Name: Datum:

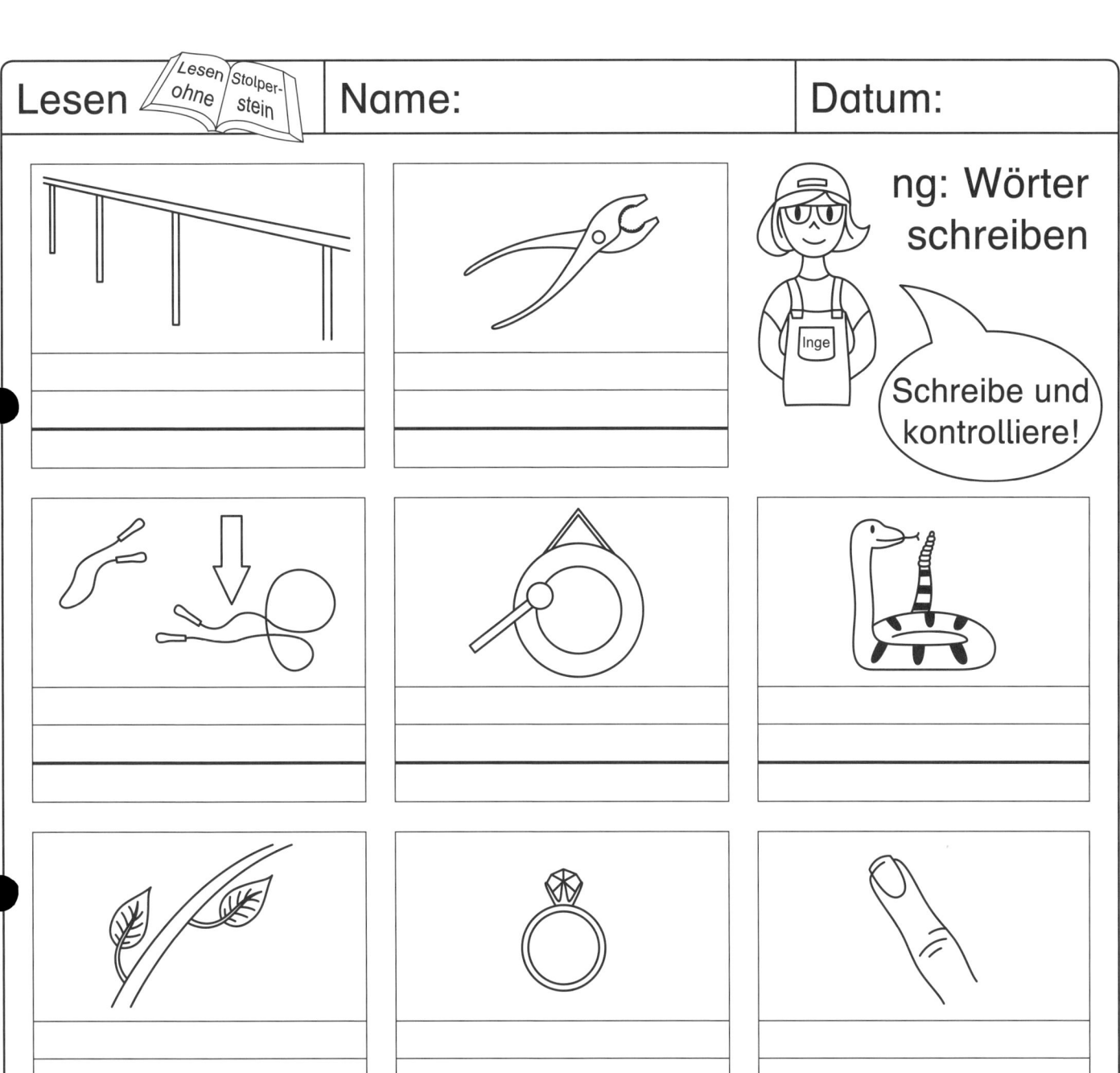

ng: Wörter schreiben

Inge: Schreibe und kontrolliere!

Kontrolliere!

Finger	lang
Stängel	Gong
Ring	Zange
Stange	Schlange

Lesen — Name: — Datum:

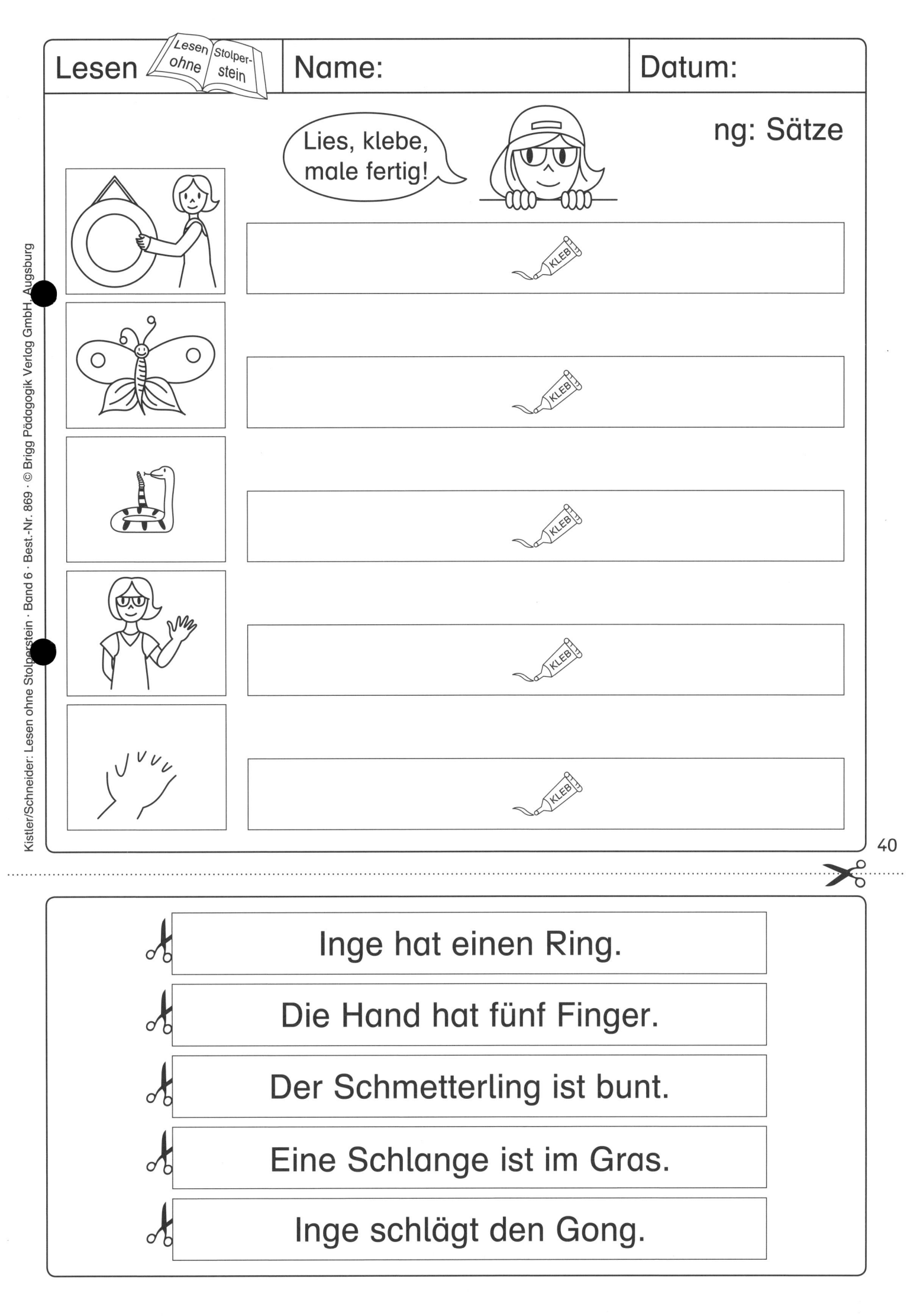

ng: Sätze

Lies, klebe, male fertig!

Inge hat einen Ring.

Die Hand hat fünf Finger.

Der Schmetterling ist bunt.

Eine Schlange ist im Gras.

Inge schlägt den Gong.